LE
PREMIER VOYAGE
D'UN PARISIEN.

IMPRIMERIE DE P. GUEFFIER.

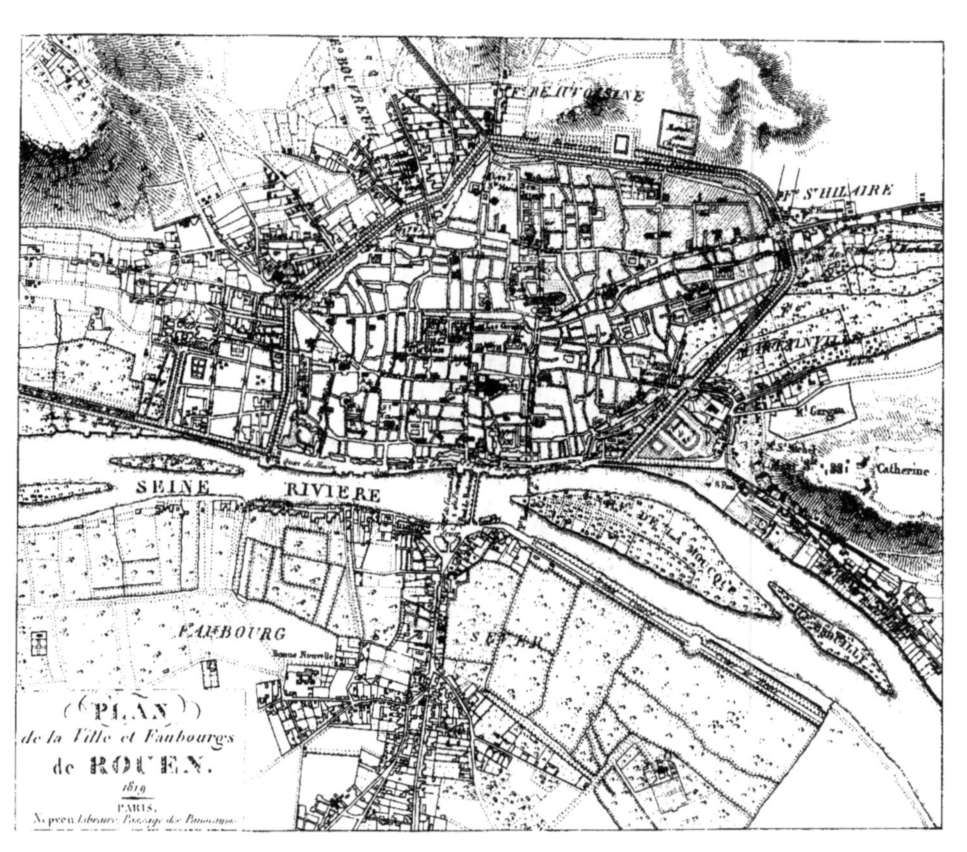

F.g BOURVEL
F.g BEAUVOISINE
P.te St HILAIRE
MARTINVILLE
M.t Gargan
Catherine
SEINE RIVIERE
Quai du Havre
DE LA MOCQUE
FAUBOURG
Bonne Nouvelle
SAINT SEVER
PLAN
de la Ville et Faubourgs
de ROUEN.
1819
PARIS,
Nepveu Libraire, Passage des Panoramas.

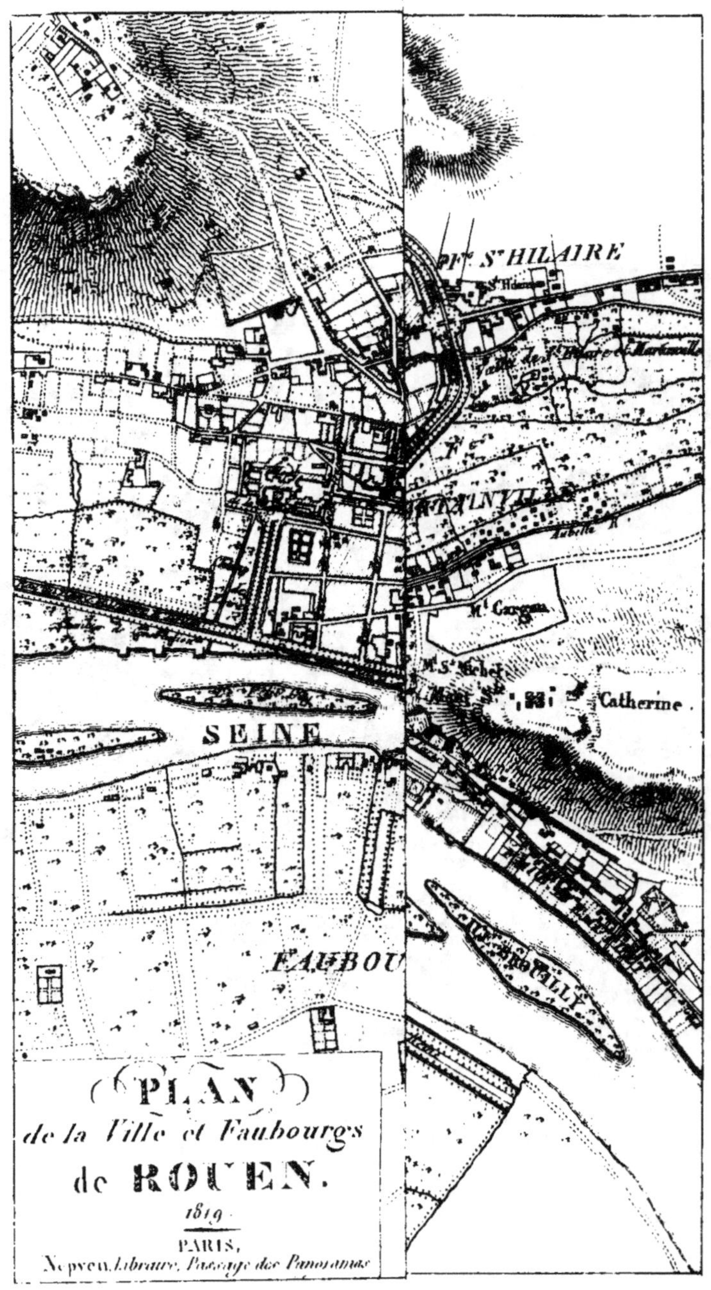
PT. ST HILAIRE
Rte de St Hilaire et Martinville
SEINE
Mt Gargan
M. St Michel
Catherine
FAUBOU
PLAN
de la Ville et Faubourgs
de ROUEN.
1819
PARIS,
Nepveu, Libraire, Passage des Panoramas

LE
PREMIER VOYAGE
D'UN PARISIEN,

OU

PROMENADES

D'UN ÉCOLIER EN VACANCES,

A BEAUVAIS, DIEPPE, LE HAVRE, ROUEN,

En passant par Morfontaine, Ermenonville, Senlis, Chantilly, Clermont, Neufchâtel, Forges, Fécamp, Bolbec, Yvetot, Louviers, etc., etc., etc.

PAR M.***

Egredere de domo tuâ.
GENÈSE, 12, 1.

OUVRAGE principalement destiné à la jeunesse, et orné d'un plan de Rouen.

PARIS,

Chez NEPVEU, Libraire, Passage des Panoramas, n° 26.

1819.

PRÉFACE.

Ce petit voyage a été entrepris par un père pour l'amusement et l'instruction de son jeune fils, et à titre de récompense de quelques succès obtenus dans ses premières classes. L'attention que l'auteur apportoit dans ses remarques, afin de communiquer à son élève le même esprit d'observation, et le fruit que ce dernier en a retiré, ont déterminé l'impression d'un travail que l'on n'avoit pas d'abord eu l'idée de donner au public. Il nous a semblé que d'autres jeunes gens pourroient aussi en tirer quelque profit; peut-être a-t-il, sur d'autres relations de cette espèce, l'avantage de contenir des détails précis et donnés *ex visu*, sans être toutefois une sèche nomenclature de villes et de villages.

Le premier voyage d'un Parisien ! Il ne s'agit pas ici du voyage si connu d'un grand badaud de dix-huit ans, qui, allant à Saint-Cloud par la galiote, croit côtoyer l'île de la Martinique et le cap Breton ; qui, chemin faisant, demande si c'est par-là que font route les vaisseaux de la Compagnie des Indes pour aller chercher au Pérou ces belles toiles d'Hollande ; qui prend des échelles de blanchisseuses pour les échelles du Levant, et les vignes pour de petits arbrisseaux attachés à des manches à balais. Quelque justice que nous aimions à rendre au style spirituellement badin du *Voyage de Paris à Saint-Cloud par terre et par mer*, où se rencontre souvent une ingénieuse critique, on n'y peut voir toutefois qu'une caricature, très-facétieuse sans doute, mais dont le type parfait, si jamais il a existé, se rencontreroit bien difficilement de nos jours. Nous n'avons que trop voyagé depuis vingt ans ; devenus pères, nous voulons dégourdir aussi nos enfans en leur faisant voir du pays, et, de bonne foi, les personnes de province auroient aujourd'hui assez mauvaise grâce s'ils prétendoient s'amuser, sous ce rapport, à nos dépens.

Notre élève voyageur est un enfant

vif et gai, auquel ressembleront la plupart de nos jeunes lecteurs de douze à quinze ans, sachant déjà un peu de latin, d'histoire et de géographie, ayant quelque désir d'apprendre, parce qu'il se rend compte que le zèle et l'ardeur au travail aplanissent les difficultés, changent les épines en roses, et procurent à la fin de l'année les plus douces récompenses; grand joueur, mais poussant sa balle ou faisant son thème presque avec le même plaisir; que ses parens ont souvent conduit, les jours de fêtes et de congé, à la campagne, dans les fermes et les manufactures; qui a vu semer et recueillir les productions communes de nos champs, et qui sur-tout ne croit pas que les teinturiers des Gobelins fabriquent les vins de Champagne et de Bourgogne; du reste, docile aux observations, et élevé de manière à être curieux et attentif sans importunité.

De tels enfans, et, nous aimons à le répéter, nous les croyons en grand nombre de nos jours, sont très-aptes à faire avec fruit de petits voyages, tels que celui dont nous allons rendre compte, lequel, si Dieu nous prête vie et santé, pourra bien être suivi de quelques autres.

Nous avons donc traité la chose au sérieux, en tâchant toutefois de n'être pas trop graves. Que d'avantages, en effet, à retirer de pareils voyages, et sous le rapport de la santé et sous celui de l'instruction !

L'exercice continu de la promenade, soit que l'on fasse à pied une portion de la route, ce qui procure l'agrément de mieux voir le pays, soit que l'on se borne à des excursions locales quand on est arrivé dans quelque ville, apporte une plus grande activité dans les forces vitales, et aussi plus de vivacité et de sérénité dans l'âme. Il est reconnu par tout le monde qu'il est peu d'exercice plus salutaire que la marche, plus propre à donner du ton aux nerfs et du ressort à tous les muscles. La respiration d'un air pur, la transpiration généralement et également augmentée, la simplicité même des mets dont on est parfois obligé de se nourrir, fortifient les membres et les organes ; aussi voit-on la plupart de ceux qui arrivent d'un voyage où ils ont eu l'occasion de faire des courses à pied, en revenir mieux portans et plus dispos de corps et d'esprit.

Sous le rapport de l'instruction, quelle abondante mine d'observations et de préceptes à exploiter pour un père ou pour un instituteur, soit qu'il offre à son élève le spectacle sublime de la nature, et qu'il pénètre son âme des sentimens d'un religieux respect envers l'auteur de tant de merveilles, soit que, suivant le genre de ses connoissances particulières, il étudie avec lui les sites et les productions variées des campagnes, les monumens et les manufactures des villes, les caractères, les mœurs, les usages et les costumes, et même les élémens de l'histoire, du gouvernement et de l'administration !

Aussi le judicieux Montaigne recommandoit-il de faire voyager les garçons dès leur enfance, afin, dit-il, de « leur mettre en fantasie une » honneste curiosité de s'enquérir de » toutes choses : tout ce qu'il y aura » de curieux autour de luy, il le verra ; » un bastiment, une fontaine, un » homme, le lieu d'une bataille an-

» cienne, le passage de César ou de
» Charlemaigne :

Quæ tellus sit lentu gelu, quæ putris ab æstu ;
Ventus in Italiam quis benè vela ferat.

(Properce, liv. 4, Élégie 3.)(1)

Ce n'est pas assurément que nous nous flattions d'avoir rempli cette vaste tâche dans notre opuscule : ce sont choses qui se traitent en cheminant, et sur lesquelles la conversation, changeant à chaque instant d'objet, se trouve naturellement amenée. Or, nous n'avons pas eu la ridicule prétention d'entretenir le lecteur de tous nos colloques ; seulement, tout en écrivant un voyage descriptif, nous l'avons de temps en temps parsemé de quelques observations adressées directement à notre élève ; nous avons cherché à les mettre à sa portée, en évitant, toutefois, ce ton mignard et enfantin qui est aujourd'hui trop à la mode ; nous avons sur-tout apporté quelque soin à ces leçons transitoires,

––––––––––––

(1) Quel est le terroir que le froid rend plus pesant, celui que la chaleur rend plus léger ; et quel vent pousse directement les vaisseaux en Italie.

quand, arrivés dans les ports de mer de Dieppe et du Hâvre, nous avons eu à lui donner des détails sur le commerce, la pêche, la distinction des bâtimens, la mâture, la voilure, etc.

Le récit d'un voyage, présenté à de très-jeunes gens, suppose de leur part des questions, et de la part du narrateur des explications accessoires, qu'il seroit bien difficile de fondre dans l'ouvrage même sans courir le risque d'une extrême prolixité. Nous avons cru remédier à cet inconvénient à l'aide de notes succinctes que nous avons rejetées à la fin des chapitres, parce qu'elles n'apprendroient rien de bien neuf aux personnes faites, qui liroient cet opuscule.

Tel qu'il est, en effet, nous pensons encore qu'il peut offrir un itinéraire fidèle et sûr aux personnes de tout âge qui voudront faire un charmant voyage sur les côtes et dans les ports de mer les plus voisins de la Capitale.

Enfin, nous avons cru faire une œuvre agréable à nos lecteurs en ajoutant à notre livre un plan de Rouen, gravé par M. Baratte, géographe, enlevé, à la fleur de l'âge, à un art qu'il cultivoit déjà avec le plus grand succès. Ce jeune graveur avoit travaillé à un atlas considérable, devenu la propriété de M. Nepveu, libraire, et dont ce plan fait partie. Il pourra, pour beaucoup de personnes, remplacer commodément un plan volumineux, et presque aussi cher, à lui seul, que notre ouvrage même.

LE

PREMIER VOYAGE

D'UN PARISIEN.

PARIS retentissoit encore des chants d'allégresse qu'avoit fait éclater de toutes parts la fête d'un monarque chéri et l'inauguration de la statue du grand et bon Henri IV, quand, le jeudi 27 août 1818, nos voyageurs se mirent en route. Ils étoient au nombre de trois : l'auteur de cet opuscule ; le jeune Amable son fils, auquel il avoit été promis qu'un voyage de quelque étendue seroit la récompense du premier prix qu'il remporteroit dans ses classes; et le grand-papa, qui, très-bon marcheur, malgré ses soixante-cinq ans, apportoit dans toutes les parties de campagne une forte dose d'instruction et de gaîté.

On devoit aller à Dieppe et au Hâvre. Quelques affaires appeloient nos voyageurs à Beauvais, et d'ailleurs la route de Paris à Dieppe par cette ville est la plus courte ; mais le chemin de Paris à Beauvais n'offrant rien en lui-même de fort intéressant, nos promeneurs conçurent l'heureuse idée d'une excursion qui, en n'allongeant le voyage que de sept à huit lieues, est assurément l'une des tournées les plus intéressantes qu'il soit possible d'imaginer. N'étoit-il pas d'ailleurs tout naturel de commencer par suivre *le chemin des écoliers ?* Ils résolurent donc de prendre leur vol par Morfontaine, Ermenonville et Chantilly, ce qui ne leur faisoit qu'un jour de retard.

PREMIÈRE JOURNÉE.

Jeudi, 27 août.

Route de Morfontaine. — Morfontaine. — Ermenonville.

Six heures ont sonné ; éveillé avant le jour par l'idée d'un voyage, notre écolier nous sollicite de ne pas manquer l'heure de la diligence. Nous partons, munis chacun d'un très-petit et très-portatif paquet de route, nos effets mis à la voiture de Beauvais. (1) Celle qui mène directement à Morfontaine, ou Mortefontaine, et qui est assez commode, se prend à l'entrée du faubourg Saint-Denis, hôtel du *Lion d'Argent*. Elle part les mardi, jeudi, samedi, à sept heures du matin.

L'impatience d'Amable nous ayant fait arriver un quart-d'heure trop tôt, nous employons notre temps à considérer la porte St.-Denis, ce beau monument voté en la gloire de Louis XIV, après les rapides conquêtes de 1672, et le fameux passage du Rhin , exécuté sur les dessins de F. Blondel (2), et restauré , il y a quelques années, sous la direction de M. Célerier.

Embarqués bientôt dans notre diligence , nous laissons à gauche la Chapelle , Montmartre , Saint-Denis , et traversons le Bourget , poste , à trois lieues de Paris. A droite , une belle avenue conduiroit au village et au château du grand Drancy ; à gauche, route de Bonneuil et du château d'Arnouville dont les beaux jardins ont été , à l'époque de la seconde restauration , ennoblis par la présence de nos Princes et l'affluence de la garde nationale parisienne qui voloit au-devant de son Roi et de son colonel. On laisse également sur la gauche le chemin de Gonesse , où se fait un grand commerce de farines , et , en suivant la route en face , au lieu dit la Patte d'Oie , on re-

marque à droite celle de Soissons, par
Dammartin, Nanteuil et Villers - Co-
terets.

Nous traversons Vanderlan, village,
et arrivons à Louvres, bourg et poste,
7 lieues.

C'est entre la borne 14 et 15, après
le petit hameau dit des Treize-Can-
tons, et avant d'arriver à Marly-la-
ville, que se trouve à droite le chemin de Morfontaine, village éloigné
d'une forte lieue, et auquel on arrive
après avoir traversé Plailly.

Nous mettons pied à terre, et Amable
n'est pas le moins satisfait de donner
quelque essor à ses jambes engourdies.
La faim se fait sentir avec force, mais
nous pensons avec raison que nous
trouverons chez l'un des concierges
du château à faire un déjeûner plus
agréable et plus champêtre qu'à l'auberge.

Le château de Morfontaine n'a rien
de très-remarquable depuis qu'il a été
dévasté par les troupes étrangères ;

mais les eaux immenses dont le parc est environné en font un séjour enchanteur, et nous ne croyons pas qu'il existe de domaine en France qui puisse lui être préféré sous ce rapport. Ce lieu fut créé par M. Pelletier de Morfontaine, ancien prévôt des marchands, qui l'avoit vendu à un sieur Duruet, banquier, l'une des victimes de la révolution. Depuis, il étoit devenu la propriété de Joseph Bonaparte, qui paroît l'avoir vendu à son parent, M. Clary. Il faut voir d'abord ce que l'on appelle *le Petit Parc*, disposé en jardin français, très-soigné, et orné de belles et longues avenues. La vallée des Tombeaux est peuplée d'urnes funéraires, dont on n'a pas pu ou pas voulu nous dire l'origine et la destination ; nous remarquâmes une grande et superbe volière à laquelle il ne manque que des oiseaux. N'oublions pas la vaste orangerie qui est garnie de très-beaux arbres.

Entrés de là dans la partie du

parc qui fait face au château , nous nous dirigeons vers une petite maison qui nous paroît être celle du garde des chasses , et nous ne nous trompions pas , car nous voyons étalés sur le carreau plusieurs douzaines de jeunes lapereaux destinés à garnir la table somptueuse de l'un des Lucullus du siècle. Nous aurions bien désiré qu'il mît en broche quelques-uns de ces innocens animaux ; mais le moyen qu'un honnête garde-chasse dispose de ces choses-là ! Ne parlons , au surplus , que de l'extrême obligeance qu'il eut de nous faire conduire jusque chez son confrère le garde des eaux.

Chemin faisant , nous considérons avec attention de très-beaux points de vue , ayant à notre gauche un vaste canal , et côtoyant à droite une pente de rochers immenses. Nous remarquons sur-tout un de ces énormes rocs qui s'est fendu il y a environ trente ans , et dont la masse ainsi détachée est demeurée comme suspendue sur le penchant de ces montagnes. On y a mis ce vers que nous croyons de Delille :

Sa masse indestructible a fatigué le temps.

Nous arrivons ainsi par terre à un assez joli pavillon, dit Vallière, entièrement dégarni de meubles et de glaces, mais contenant encore quelques belles gravures dont plusieurs représentent différens sites du parc.

Enfin, à la grande satisfaction de nos estomacs délâbrés, nous voici dans la modeste cabane du garde des eaux, et nous y faisons un copieux déjeûner d'œufs frais, de fruits, et d'excellente crême ; puis, nous plaçant dans une charmante gondole, nous nous livrons d'abord à la merci d'une jeune conductrice douée d'une physionomie agréable. Lorsque son père eut repris sa place, Amable obtint la permission de faire jouer de temps en temps la rame, et prit ainsi sa première leçon de navigation.

Sept îles d'une forme différente, toutes étendues et ombragées de beaux arbres, composent un archipel et en ont pris le nom. En louvoyant autour, on jouit de la vue la plus pittoresque ; mais c'est sur-tout quand on arrive au grand canal, que l'âme et les yeux enchantés se livrent naturellement à ces douces émotions que fait naître l'aspect d'un horison immense tout entouré d'eau, et couronné d'arbres antiques dont le faîte s'élève jusqu'aux nues, ou bordé de petites fabriques artistement ménagées, de rochers et de dunes. Il est réellement curieux de n'être qu'à neuf lieues de Paris, et de se trouver transporté sur les beaux lacs de la Suisse, ou sur les riches canaux de la Hollande.

Trois heures de promenade sur l'eau nous ont suffi pour visiter ces beaux lieux. Elle avoit été dirigée de manière à se terminer du côté de la forêt qui conduit à Ermenonville. Cette précaution, quand on est dans l'intention de se rendre en ce dernier endroit, doit être prise soit par les piétons, soit par les personnes en voiture, lesquelles, en donnant l'ordre à leur cocher de venir les rejoindre, s'éviteront un détour considérable, et se ménageront une fort jolie route, en ayant soin toutefois de se bien faire indiquer le chemin, que, pour le dire en passant, il serait si facile de faire connoître aux voyageurs à l'aide d'un ou deux poteaux de plus. Quoi qu'il en soit, une heure de marche à travers cette épaisse forêt nous conduit à Ermenonville. Nous nous y arrêtons à l'hôtel Jean-Jacques. Ce premier hommage étoit assurément le moindre que nous pussions rendre à la mémoire du philosophe genevois. Vis-à-vis est une maison de chétive apparence. Une inscription annonce que l'empereur Joseph II, en 1777 (3), l'a honorée de sa présence.

La maîtresse de l'auberge, femme d'environ soixante ans, nous dit avoir été chargée plusieurs fois par *monsieur*

Rousseau, d'aller à Senlis lui faire ses petites provisions de plumes, papier et autres objets. Elle se le rappelle comme un fort bon homme ; elle conserve avec soin, et montre aux étrangers comme choses très-précieuses, ses sabots et sa tabatière, cadeaux de la femme Levasseur, sa veuve.

Cette aubergiste tient aussi une espèce d'album, sur lequel les voyageurs sont admis à écrire leurs noms et les réflexions que leur inspirent, soit le séjour d'Ermenonville, soit le souvenir du philosophe auquel on y a rendu des hommages tout particuliers. On y lit quelques pensées sages ; la plupart sont d'une grande platitude ; les autres sont dictées par un enthousiasme souvent ridicule. Nous nous excusâmes de suivre cet exemple, sous prétexte qu'il nous falloit commencer par la promenade ; Amable trouvoit d'ailleurs la conversation déjà trop longue.

Il est quatre heures du soir, et nous n'avons plus que quatre heures de jour.

Nous nous présentons à la grille du château, et sommes admis sur la simple formalité de donner nos noms.

Il existe déjà plusieurs descriptions d'Ermenonville ; il entre cependant dans notre plan d'en donner une. Pour la rendre plus utile et moins longue, nous suivrons l'ordre de notre promenade, et nous choisirons de préférence dans la foule d'inscriptions dont ce lieu est rempli, celles qui ont été composées en langue étrangère (dont nous donnerons la traduction), et celles qui, déjà aux trois quarts effacées par les injures du temps, seront bientôt indéchiffrables. Les efforts de trois mémoires, et l'habitude de prendre des notes en sténographie, nous ont permis de les recueillir en courant malgré l'impatience de notre guide.

Ce guide nous dirige en premier lieu vers la partie du nord, très-vaste, et qui présente un aspect sauvage. Ce n'est qu'une suite de rochers escarpés entremêlés de hauts sapins, de vieux genets, de cèdres, de genevriers et autres arbres d'un effet pittoresque. Après un grand nombre de détours nous arrivons à une grotte taillée dans le roc, que l'on nomme *le Creux du Vent*, et qui servit de retraite au même Joseph II surpris par un orage.

Après avoir gravi divers monticules du haut desquels l'œil ne découvre encore qu'une sombre perspective, nous atteignons le lieu dit *le Désert*, où est située la cabane de Jean-Jacques, espèce de châlet suisse, renfermant une cheminée et des siéges taillés dans le roc même, avec cette inscription gravée sur la pierre :

Jean-Jacques est immortel.

Deux rocs sont situés près de cette cabane, et, plus bas, les rochers de Meilleraye présentent la série d'inscriptions suivantes :

« C'est sur la cîme de ces montagnes que » l'homme se plaît à contempler la nature ; c'est » là que tête-à-tête avec elle il en reçoit des ins-

» pirations qui élèvent l'âme au-dessus de la ré-
» gion des erreurs et des préjugés. »

———

« Celui-là est véritablement libre qui n'a pas
» besoin de mettre les bras d'un autre au bout des
» siens pour faire ses volontés. »

———

Ma pur si aspre vie, nè si selvaggie
Cercar non so ch' amor non venga sempre
Ragionando con meco, ed io con lui.

(En vain je cherche les sentiers les plus escarpés
et les plus sauvages : l'amour vient toujours se
mêler à toutes mes pensées, à tous mes raison-
nemens.)

———

Da pensiero in pensiero, da monte in monte
Mi guida amore, e pur nel primo sasso
Disegno con la mente il suo segno.

(L'amour, maître de mon esprit, me guide de
montagne en montagne, et mon imagination grave
son chiffre sur la première pierre.)

———

A Julie.

———

Chi non sa come dolce sospira,
E come dolce parla, e come ride !

(Qui ne connoît son doux parler, son doux sou-
rire, et son doux soupirer !)

Dans les divers endroits que nous venons de décrire, la nature se montre dans toute sa rudesse; les arbres, d'un vert noirâtre, tantôt clair-semés, tantôt formant des bois touffus, semblent devoir servir de retraite à des bêtes fauves. Le sol, mêlé de sable et d'herbes, n'enfante que des pierres et des rochers dont l'aspect est seulement adouci par quelques plantations faites avec art. Ce désert ne sauroit plaire long-temps, si ce n'est à des êtres atteints d'une sombre mélancolie. C'est la nature dans sa mauvaise humeur; mais tout change de face quand on arrive au *Bocage*. Ici, à travers des sentiers ombragés, se dessine une grotte champêtre couverte de rocailles, et du fond de laquelle jaillit une fontaine qui s'échappe en un ruisseau limpide. Au-dessous sont gravés ces vers :

O limpide fontaine ! ô fontaine chérie !
    Puisse la folle vanité
Ne jamais dédaigner ta rive humble et fleurie !
Que ton simple sentier ne soit pas fréquenté
    Par aucun tourment de la vie ,

Par l'ambition, par l'envie,
L'avarice et la fausseté!
Un bocage si frais, un séjour si tranquille,
Aux tendres sentimens doit seul servir d'asile.
Ces rameaux amoureux, entrelacés exprès,
Aux muses, aux amans offrent leur voile épais,
Et le cristal d'une onde pure
A nos regards ne doit offrir
Que les grâces de la nature
Et que l'image du plaisir.

Un moment assis, avec la permission de notre conducteur, sur un banc couvert de mousse, et tandis qu'Amable continue ses gambades, nous ne nous lassons point de contempler les nombreux points de vue qui s'offrent à nos regards, et que le créateur de ces jardins, M. Morel, a dessinés de main de maître. De larges canaux qui serpentent, ombragés de touffes d'arbres distribués avec art, le murmure des eaux qui descendent des rochers environnans, la vue du château, celle de la tour Gabrielle dont nous parlerons dans un moment, des gazons immenses et de la plus belle verdure, quantité de cygnes se jouant dans les eaux, et faisant entendre leurs claquemens ; dans le lointain , les montagnes et les hauts sapins du *Désert*, tout offre l'aspect le plus enchanteur. Faites vingt pas, la perspective a changé sans cesser d'être ravissante , et le paysagiste seroit embarrassé de déterminer le lieu où il doit prendre sa palette.

A quelque distance du bocage, on traverse une branche du lac dans un joli bateau qui se tire ingénieusement à l'aide d'une poulie , et l'on arrive à la *tour de Gabrielle*, à l'entrée de laquelle sont déposés le casque et l'armure de sire Dominique de Vic , seigneur d'Ermenonville. Le château d'Ermenonville (devenu depuis, comme chacun le sait, la propriété de la famille de Girardin) appartint jadis à ce valeureux guerrier, à ce généreux citoyen, plus connu sous le nom du capitaine Sared. C'est lui qui, ayant reçu au siége de Vaucanson . en Provence, une blessure qui lui rendoit impossible l'usage d'une jambe , se la fit couper pour pouvoir encore servir sous Henri IV, et fit, à Ivry, les fonctions de sergent de bataille. C'est le même encore, qui voyant le corps de son général et de son roi assassiné par le monstre nommé Ravaillac, fut saisi d'une telle douleur qu'il le rejoignit deux jours après dans la tombe.

—Voilà, mon cher Amable, des traits qu'il faut graver dans ta mémoire. Destiné, sauf la volonté de la Providence, à consacrer tes travaux à ton pays dans une carrière paisible, tu lui dois cependant le sacrifice de ta vie si la défense du territoire national ou le maintien de l'ordre public exigeoient le secours de ton bras ; tu dois sur-tout respect et honneur aux braves qui versent leur sang pour le Roi et pour la patrie.

Amable, tout étonné de cette apostrophe un peu brusque, s'étoit jeté dans mes bras en disant qu'il ne vouloit pas quitter son père. Nous attendrons patiemment que son humeur martiale se soit un peu plus développée.

Revenons à Dominique de Vic. De son temps la terre d'Ermenonville, que Henri IV avoit érigée pour lui en vicomté, ne présentoit qu'un simple château dans un fond environné de rochers, de bois, de ronces et de bruyères. L'art et le goût ont transformé ces sites agrestes en un séjour enchanteur. Il faut qu'ils entretiennent leur ouvrage, et ne permettent pas à la faux du temps de dégrader une si belle propriété. Pourquoi est-on déjà réduit à se contenter ici de souvenirs ? *Jadis*, dit-on au voyageur, ce pavillon offroit, au rez-de-chaussée, une fort jolie cuisine ; au premier étage, un petit appartement d'un goût recherché ; et au second, un belvéder, d'où l'œil contemploit avec délices l'ensemble de ces lieux pleins de charmes. Mais vous voyez qu'aujourd'hui l'état de dégradation est tel, qu'il n'est plus possible d'y monter. *Jadis* aussi, sur une des portes, on lisoit en style romancier :

En cette tour droit de péage
La belle Gabrielle avoit ;
C'est de tous les temps que l'on doit
A la beauté foi et hommage.

En quittant cette tour on suit, pour regagner le château, une infinité d'allées et de sinuosités mêlées d'arbres et de verdure, au milieu de quoi l'on auroit pu, ce nous semble, sans nuire à la beauté du paysage, répandre plus de fleurs ; car on pourroit dire avec quelque raison, que l'on voit à Ermenonville une très-belle verdure, mais toujours de la verdure.

Nous avons terminé la promenade du côté du nord ; dirigeons nos pas vers le midi. Nous sommes revenus à la porte du concierge ; c'est dans le bâtiment qu'il occupe, que Jean-Jacques Rousseau est mort le 2 juillet 1778, à l'âge de soixante-six ans, après quelques semaines seulement de séjour à Ermenonville, et pendant qu'on lui préparoit dans le parc un logement qu'il n'a pas occupé.

Ici près est une belle cascade qui, du château, forme un très-joli aspect, et qui fournit une eau claire et abondante aux fossés qui l'environnent et aux canaux qui l'avoisinent. Nous suivons une longue et belle avenue appuyée à droite par une montagne formant un bois épais, et offrant à gauche des gazons à perte de vue, coupés par le lac et par des plantations artistement disposées. Ce lieu, qui fait face au château, a dû être l'un des plus soignés pour les effets de la perspective, et en effet il en est peu d'aussi agréable.

Nous arrivons insensiblement vers *l'île des Peupliers*, au milieu de laquelle est le tombeau de Jean-Jacques, et où l'on aborde facilement dans un petit bateau.

Ici repose l'homme de la nature et de la vérité.

Telle est l'inscription dont la tombe est ornée, et qui doit avoir quarante ans de date. La génération éclairée par les trente années de révolution qu'elle a si cruellement parcourues, admettra-t-elle cette épitaphe sans aucune restriction ?..... Ah ! bornons-nous au rôle de narrateur, et gardons-nous d'affliger les mânes d'un écrivain malheureux qui, doué de qualités éminentes, donna dans beaucoup d'erreurs, mais fit souvent aussi servir son éloquence au triomphe de la raison, et qui fut, toute sa vie, jouet et dupe de son excessive sensibilité.

La face de la tombe, du côté du sud, est ornée d'un bas-relief allégorique très-dégradé. Une mère, allaitant son fils, tient de l'autre main le livre de l'*Emile*, et un troupeau d'enfans se groupent autour d'elle ; la flamme consume des bandes à maillots. La couronne du fronton présente la devise chérie du philosophe :

Vitam impendere vero.
Consacrer sa vie à la vérité.

Près de cette île, vers un réduit de feuillages, d'où l'on voit obliquement le tombeau, est le banc des mères de famille. Là, les yeux se portent naturellement sur une grande pierre négligemment posée sur la terre, et où on lit :

De la mère à l'enfant il rendit les tendresses ;
De l'enfant à la mère il rendit les caresses :
De l'homme, à sa naissance, il fut le bienfaiteur,
Il le rendit plus libre afin qu'il fût meilleur.

Nous rentrons dans le vallon ; non loin d'un joli ruisseau s'élève une pyramide en ruine, où se lisent avec beaucoup de peine des épigraphes en l'honneur des aimables chantres de la vie pastorale.

THÉOCRITE. (4)

Θεοκρίτω Απολλωνι φιλα μωσησι τε δίης
σσιλισει η ωδαν ηρξαθη βωκολικων.

Elle (Erato) a donné ce Recueil de Poésies champêtres à Théocrite, ami d'Apollon et des muses divines.

VIRGILE. (5)

Genio P. Virgilii Maronis lapis iste cum luco sacer esto.

Bois sacré, simple pierre, soyez protégés par le génie de Virgile.

THOMPSON. (6)

(L'inscription est presque totalement effacée ; il nous fut impossible de la déchiffrer.)

GESSNER. (7)

Den Salomon Gessner. Er hat Gemahlt, was er gesagt hat.

A Salomon Gessner, peintre et poète.

Exprimons ici le vœu que ce monument élevé à la poésie champêtre soit bientôt rétabli. Sans doute alors il présentera une cinquième face que le goût et le patriotisme consacreront au chantre harmonieux des jardins et de l'homme des champs.

De ces gracieux sites dirigeons, non sans quelque regret, nos pas vers le temple fameux de la philosophie moderne. Chemin faisant, nous rencontrons un tombeau de forme triangulaire ; c'est celui d'un malheureux et insensé jeune homme qui, à trente ans, doué d'une belle figure, vint se brûler la cervelle à cette même place, le 4 juin 1791.

Hélas ! pauvre inconnu , si tu tins de l'amour
Une obscure naissance et ta noble figure ,
Devois-tu dans ces lieux outrager la nature ,
Comme un autre Werther, en t'y privant du jour ?

Telle est l'inscription gravée sur son tombeau , et qui ne donne pas d'autres renseignemens sur cet infortuné. Pendant plusieurs jours il avoit erré dans le parc, et témoigné le désir de voir M. de Girardin , alors absent. Avant de se tuer, il lui écrivit une longue lettre. Cette épître , que notre conducteur nous donna comme très-authentique, est celle d'un fou mélancolique, et elle annonce un cerveau dérangé par les systèmes de la révolution. Il l'approuve avec transport, tout en paroissant en condamner les horreurs , et ses diatribes contre les prêtres destruiroient l'intérêt qui s'attache à son souvenir , si la religion qu'il calomnie ne commandoit sur-tout le pardon des injures. Ce jeune homme n'a été réclamé par qui que ce soit, et toutes les recherches ont été vaines pour découvrir son origine. Quelques-uns ont prétendu que c'étoit un des fils de Jean-Jacques ; mais cette opinion ne s'est pas accréditée.

En 1775, une fouille ayant été faite dans les environs du bois où est actuellement cette tombe, on y trouva des ossemens humains et des arquebuses. Depuis, on en a très-philosophiquement conclu que ce lieu avoit été le théâtre d'une guerre civile attisée par le fanatisme, et l'on a gravé sur une pierre :

Hic fuerunt inventa plurima ossa occisorum
Quandò fratres fratres, cives cives trucidabant.
Tantùm relligio potuit suadere malorum !

(Ici ont été trouvés les ossemens d'hommes tués alors que les frères et les citoyens s'entr'égorgeoient.

Tant la religion a pu enfanter de malheurs !)

Une inscription aussi déplacée, quand même elle seroit historique, devroit-elle subsister encore ? Le temple de la philosophie moderne est tout près...., et l'on feint d'oublier que, sinon ses principes, au moins les excès de ses prosélytes ont couvert la France et l'Europe de cadavres.

Mais nous arrivons enfin, après quelques détours, à ce temple placé sur le faîte d'un coteau, et qui domine tout le vallon. Sa forme est circulaire; le mur intérieur est tapissé de lierre, de mousse et de feuillage. Il est dédié à Michel Montaigne.

> *Hoc templum inchoatum*
> *Philosophiæ nundum perfectæ,*
> Michaeli MONTAIGNE, (8)
> *Qui omnia dixit,*
> *Sacrum esto.*

(Temple ébauché de la philosophie moderne encore imparfaite, consacré à Michel Montaigne qui a tout dit.)

Au-dessus de la porte d'entrée on lit :

> *Rerum cognoscere causas.*

(Connoître le principe des choses.)

La rotonde de ce temple, qui est d'ordre Corinthien, est soutenue par six colonnes, dont chacune porte le nom d'un philosophe avec sa devise :

NEWTON. (9)

Lucem.
La lumière.

DESCARTES. (10)

Nil rebus inane.
Rien d'inutile.

PENN. (11)

Ridiculum.
Le ridicule.

MONTESQUIEU. (12)

Justitiam.
La justice.

J. J. ROUSSEAU. (13)

Naturam.
La nature.

VOLTAIRE. (14)

Ridiculum.
Le ridicule.

Les six autres colonnes gissent sur le sol, où quelques-unes sont enfoncées en partie. On lit sur deux d'entr'elles :

Quis hoc perficiet ?
Qui achevera ce temple ?

Falsum stare non potest.
Le faux ne peut se tenir debout.

Notre écolier traduisit en courant ces diverses inscriptions latines, mais il ne sut pas découvrir le sens caché des deux dernières. Nous le lui expliquâmes tel qu'il nous parut être. « Qui achevera ce temple? Il ne l'est point encore ; par la raison qu'il n'y a que le vrai qui puisse s'y maintenir. »

Bien du temps s'écoulera sans doute avant que l'on ait pu s'entendre sur la nature du *vrai mérite* que devront avoir les six philosophes futurs en l'honneur desquels seront érigées les six colonnes destinées à l'achèvement du temple. Qui sait même si les fondemens des six colonnes actuelles sont tous très-solides ?

Pleins des réflexions que font naître ces allégories, et enchantés de la vue délicieuse que présentent du haut de cette éminence les eaux, les bois, la verdure, la variété des groupes d'arbres, les masses d'ombre, et les charmantes îles qui embellissent ce tableau, nous descendons sur les bords d'un ruisseau que nous côtoyons ; parmi les nombreux points de vue qui s'offrent à nos regards, nous remarquons une touffe de bois composée d'arbres divers accumulés les uns contre les autres, et présentant dix nuances de verdure. Prenant enfin notre direction vers l'endroit plus particulièrement dit *la Réserve*, nous nous retrouvons dans la partie de la forêt par laquelle nous étions arrivés le matin. On avance avec une sorte d'effroi, que l'approche de la nuit redouble encore, dans ce bois dont l'immense solitude et le vaste silence remplissent l'âme de cette profonde mélancolie que l'on chercheroit vainement à fuir. Nous le traversons, et rentrons à notre auberge après quatre grandes heures de marche qui nous parurent très-courtes et assez bien employées. Demandant de nouveau grâce à nos lecteurs pour nos nombreuses citations, nous ne pouvons cependant nous empêcher d'indiquer encore l'inscription qui existe au-dessus de l'endroit par lequel nous rentrâmes dans le village, inscription à laquelle la naïveté de langage d'un vrai philosophe ajoute un nouveau prix.

Ce n'est pas sans raison que l'art gaigne le point d'honneur sur notre grande et puissante mère nature. Nous avons tant rechargé la beauté intrinsèque, et richesses de ces ouvrages, par nos inventions, que nous l'avons du tout étouffée. Si est-ce que par-tout où sa pureté reluit, elle fait une merveilleuse honte à nos vaines et folles entreprises.

NOTES.

(1) Il part tous les matins, à six heures, du passage du *Grand Cerf*, rue Saint-Denis, une voiture qui arrive à trois heures de l'après-midi à Beauvais. Elle passe par Saint-Denis, Pierrefitte, Saint-Brice, Poncelle, Moisselle, Presle, Beaumont, Chambly, Puiseux, Noailles, Warlais, Beauvais.

(2) Fr. Blondel, bon littérateur, et encore meilleur architecte. Né en 1617, mort en 1686.

(3) Joseph II, empereur d'Autriche, prince d'un rare mérite, mais auquel on a reproché trop d'esprit d'innovation. Né le 13 mars 1741, mort le 20 février 1790. Frère de notre infortunée reine Marie-Antoinette.

(4) Théocrite, poète grec, né à Syracuse, vers l'an du monde 3719, 285 ans avant J.-C. On ignore l'époque précise de sa mort funeste qui eut lieu par ordre du tyran Hiéron, contre lequel il avoit écrit des satires. Ses belles idylles ont servi de modèle à Virgile.

(5) Virgile, le prince des poètes latins. Né à Andès, village près de Mantoue, l'an 70

avant J.-C. , d'un simple potier de terre. Mort dans sa 52ᵉ année.

(6) Thompson, poète anglais, célèbre, notamment par le *Poëme des Saisons*. Le lord Talbot, chancelier du royaume, lui avoit confié l'éducation de son fils, avec qui il parcourut les principales contrées de l'Europe. Né en 1700, mort en 1748.

(7) Salomon Gessner, peintre, graveur, paysagiste, et sur-tout poète. Sa *Mort d'Abel* et ses jolies idylles sont entre les mains de tout le monde. Né à Zurich en 1730, mort le 2 mars 1788.

(8) Michel Montaigne, d'autres écrivent Montagne, auteur des *Essais*, ouvrage philosophique et moral, dont le style, quoiqu'il ait vieilli, paroît toujours naïf, hardi et énergique. Né en 1533, mort le 13 septembre 1592. Il s'étoit distingué dans son enfance par son extrême facilité. A six ans il traduisoit et parloit parfaitement le latin.

(9) Newton (Isaac), né à Wolstrop, dans la province de Lincoln, en 1642, mort en 1727, philosophe, géomètre, mathématicien et physicien du plus haut mérite. Avant lui on ne connoissoit pas la lumière, ou du moins l'on n'en avoit que des idées confuses. Newton, par ses découvertes précieuses sur le système

de la nature, fut aussi en quelque sorte l'architecte d'un nouveau monde. Tous les savans d'Angleterre l'avoient, par acclamation unanime, reconnu pour leur chef et pour leur maître. Ce grand homme, doué d'un génie sublime, n'entendoit jamais prononcer le nom de Dieu, sans témoigner son respect et son admiration par une inclination profonde.

Delille a dit de lui, dans son beau poëme de l'*Imagination* :

O pouvoir d'un grand homme et d'une âme divine !
Ce que Dieu seul a fait, Newton seul l'imagine ;
Et chaque astre répète en proclamant leur nom :
Gloire au Dieu qui créa les hommes et Newton.

Un beau mausolée a été élevé à Newton, dans l'abbaye de Westminster, à Londres.

(10) Descartes (René), né en 1596, à la Haye, en Touraine, digne précurseur de Newton dans le même genre de sciences. Mort à Stockolm, le 11 février 1650; mais son corps a été rapporté à Paris, et enterré en grande pompe le 24 juin 1667, à St.-Etienne-du-Mont.

(11) Penn (Guillaume), né à Londres, en 1644. Chef des Quakers, secte respectable dans son originalité; fondateur et législateur de la Pensylvanie et de Philadelphie. Mort en Angleterre, en 1718.

(12) Montesquieu (Charles de Secondat , baron de), l'immortel auteur de l'*Esprit des Lois*. Né au château de la Brède , près de Bordeaux , le 18 janvier 1689 , mort le 10 février 1755.

(13) Renvoyé à ce qui précède dans le texte même de l'ouvrage.

(14) Marie-François Arouet de Voltaire, né le 20 février 1694 , mort le 30 mai 1778. Génie extrordinaire, poète illustre , auteur fécond d'une foule d'ouvrages de tous genres , dans un trop grand nombre desquels il a eu , de l'aveu de ses plus zélés partisans , le tort impardonnable de ne respecter ni la religion , ni la morale, ni les convenances sociales.

IIe JOURNÉE.

Vendredi, 28 août.

Route de Morfontaine à Chantilly. — Senlis. — L'ancien et le moderne Chantilly. — Clermont. — Creil. — Beauvais.

L'APPROCHE de la nuit et la marche accélérée de notre guide nous avoient empêchés de bien voir la partie des bois toujours ouverte au public. Nous y retournons dès cinq heures du matin, respectant toutefois le profond sommeil de notre jeune voyageur. Nous achevons nos notes, et revenons de plus en plus satisfaits de notre piquante excursion.

A notre retour, nous trouvons notre écolier tout prêt à partir, et demandant à l'aubergiste où il pourroit se procurer un agenda et des crayons. — Je ne veux pas, nous dit-il, que vous soyez les seuls qui preniez des notes, et j'espère bien de plus, en dessinant quelques-uns des jolis sites que nous avons vus ou que nous verrons, te décider, papa, à me donner un maître qui me montre enfin à faire autre chose que des nez, des yeux et des oreilles. — Les principes, les élémens avant tout, mon cher enfant; il faut rester long-temps à la tête avant de dessiner le paysage; il faut sur-tout faire très-long-temps le trait, et tu as à peine six mois de leçons. Au surplus, essaie-toi à tout ce que tu voudras, cela ne tirera pas à conséquence. Quant à l'agenda et aux notes, c'est une fort bonne idée que tu aurois dû avoir avant même que de quitter Paris; mais garde l'argent dont j'ai remarqué avec plaisir que tu fais sur la route un généreux usage. Nous ferons, comme Jean-Jacques, nos petites provisions à Senlis.

Cependant six heures et demie sonnoient, et nous prenons la route de cette ville. Nous côtoyons d'abord en dehors le *Désert*, et parcourons une campagne qui offre un aspect sauvage. La terre n'y produit qu'une mousse verdâtre parsemée de touffes d'un vert noir. Le sable blanc qui les couvre, les rocs dont on est entouré, le vent de bise qui s'y fait sentir, semblent nous annoncer prématurément l'approche de l'hiver. Plus nous avançons, plus la solitude devient profonde, et sans le secours d'un vieux pâtre nous courions quelque risque de nous égarer. Mais tout en gravissant une haute montagne, nous découvrons la flèche du clocher de Senlis; bientôt le paysage devient riant, l'atmosphère beaucoup plus douce; nous traversons une partie de la forêt, et enfin, après deux heures de marche, nous entrons à *Senlis* (11 lieues de poste par la route directe, 12 au plus par ce détour).

Après un ample déjeûner dînatoire, dont nous prions notre ami, M. D***, si, par hasard, cet opuscule tombe entre ses mains, de recevoir nos nouveaux remercîmens, nous faisons une très-courte promenade sur les remparts, qui méritent d'être vus, et nous visitons l'église, assez beau vaisseau, dont le portail et l'intérieur ont été fortement endommagés dans le cours de la révolution, et où l'on conserve précieusement la châsse de saint Rieul, patron de cette église.

Bientôt notre ami nous conduit à Chantilly, dans sa voiture de campagne. La route, presque entièrement à travers la forêt, est très-agréable; elle peut se faire facilement en deux heures de marche : nous ne fûmes qu'une heure un quart à la parcourir dans ce cabriolet. Cette nouvelle excursion de Senlis à Chantilly nous remettoit dans notre chemin ; nous étions d'ailleurs curieux de connoître par nous-mêmes ce qui pouvoit subsister encore de ces riches bâtimens , de ces chefs - d'œuvre de peinture et de sculpture, sur-tout de ces jardins superbes qui avoient fait de ce domaine enchanteur la plus magnifique maison de plaisance de l'Europe. Le grand papa se rappeloit les avoir vus dans tout leur éclat à l'époque de la fête brillante donnée, en 1782, par le prince dont cette année-ci la France a pleuré la mort, au grand duc de Russie (1).—Au risque d'augmenter vos regrets, nous dit-il, je ne puis résister au plaisir de vous faire la description de ce qui m'étonna et me ravit le plus alors, de ce qui est resté profondément gravé dans ma mémoire.

«On arrivoit au château par une longue avenue, dite *route du Connétable,* ainsi nommée sans doute, parce qu'au bout, et au milieu de la terrasse, se voyoit la statue équestre du connétable de Montmorency, ancien propriétaire de ce domaine. Ce guerrier étoit représenté armé à l'antique, l'épée nue à la main. C'est de ce connétable (2) que Henri IV disoit : Avec mon connétable qui ne sait pas lire, et mon chancelier (Sillery) qui ne sait pas le latin, il n'est rien que je n'entreprenne avec

succès. En effet, Brantôme nous atteste que ce grand homme de guerre
ne savoit pas lire, et qu'il ne signoit
qu'avec une croix.

Ce château, flanqué de tours, entouré de fossés remplis d'eau vive, rappeloit à l'imagination le souvenir de
nos anciens et preux chevaliers. Au
milieu de l'escalier étoit une belle statue pédestre du grand Condé, ouvrage
de Coisevox (3).

Le petit château, qui communi-
quoit au grand par des ponts et des
corridors, simple au-dehors, brilloit
au-dedans de tous les attributs du
luxe et de la richesse.

L'appartement du prince se trouvoit de plain-pied à la cour du grand
château, auquel il étoit joint par un
pont traversant un fossé. Cet appartement étoit magnifiquement meublé,
et suivi d'une belle galerie ornée de
tableaux historiques des meilleurs maîtres, je la crois en partie conservée.

Entre ces deux châteaux, il en étoit

un appelé *Buquam*, qu'habitoient les seigneurs de la suite du prince, et qui tenoit à l'orangerie. Mais rien peut-être n'égaloit la magnificence des écuries, et je ne pouvois, quand j'y entrai pour la première fois, me persuader qu'un aussi bel édifice eût été construit pour servir de demeure à des chevaux. Dans le milieu de cette écurie s'élevoit un dôme. En face, les eaux d'une belle fontaine étoient reçues dans un vase circulaire d'airain, servant d'abreuvoir aux nobles coursiers. Un cartel, tenu par deux génies, portoit une inscription dont le sens étoit que cette écurie et les bâtimens adjacens avoient été commencés en 1719 et terminés en 1735.

» Du parc de la terrasse où je vous ai dit que s'élevoit la statue du connétable, un grand escalier conduisoit dans les jardins, chef-d'œuvre du célèbre Lenostre (4).

» Mais ce qu'il y avoit de réellement admirable, c'étoient les eaux, dont la description seule a fait la matière d'un volume ; la fontaine de *la Gerbe*, celle de *la Tenaille*, celle de *Nar-cisse*, le *grand Canal* qui avoit près d'une lieue de long, et sur-tout *la grande Cascade*. Là, au milieu d'un bassin circulaire, s'élevoit un énorme rocher, et de ce rocher une gerbe entourée de huit jets dont les eaux alimentoient quatre nappes immenses qui retomboient avec majesté. Des gradins couverts d'un tapis de gazon, toujours vert, décorés de guéridons d'où sortoit une onde brillante, circonscrivoient ce bel endroit. Au-dessous, étoit un autre bassin alimenté par un grand nombre de jets, et par les eaux jaillissantes de superbes candelabres et de diverses autres pièces parmi lesquelles figuroient deux dragons et un masque. Ce riche morceau étoit terminé par un troisième bassin octogone également entretenu par une foule de jets bien nourris.

» Mais ce n'étoit encore là que la première partie de cette cascade, au bas de laquelle venoient aboutir six grandes allées du parc.

» Deux beaux escaliers en fer à cheval se développoient avec grâce. Les rampes étoient décorées de nombreux guéridons entremêlés de nouveaux jets qui retomboient dans un deuxième, puis dans un troisième bassin, lequel étoit surnommé *le Miroir*.

» L'*Orangerie* étoit remarquable par sa belle architecture. Près d'elle un autre bassin, et, au milieu, une colonne antique de porphyre supportant un octaèdre, sur les pans duquel étoient placés huit cadrans, ouvrage singulier et très-curieux, qui marquoient les heures pour différentes villes de la terre. Ainsi un de ces cadrans indiquoit l'heure pour Chantilly, et les autres pour beaucoup d'autres villes, depuis Rome jusqu'à Pékin, et de Moscow à Jérusalem ou au cap de Bonne-Espérance.

» Non loin de l'orangerie, et à l'extrémité de la terrasse, étoit *la salle de*

Spectacle. Elégante dans sa forme, riche dans ses décorations, elle présentoit un effet inconnu sur tous les autres théâtres de la France. Le fond s'ouvroit et laissoit voir en dehors une cascade, décorée de la figure d'une Nymphe. Cette cascade, quoique éloignée, se marioit merveilleusement à la scène, et sembloit y répandre des nappes d'eau non artificielles, qui, combinées avec les autres décorations, enchantoient par la nouveauté de ce spectacle.

» On montoit ensuite à la salle où étoient conservées des armures de différens temps et de différentes nations. C'étoit là que l'on voyoit l'épée du grand Condé; un fauteuil dans lequel, en 1643, à la bataille de Rocroy, avoit été tué le comte de Fuentès (5), commandant les Espagnols; l'épée de Henri IV, et quantité d'autres objets aussi précieux qu'historiques, tels encore que l'armure de la célèbre Jeanne-d'Arc, pucelle d'Orléans (6).

» Je ne finirois pas, si je voulois dé-

-crire tous les autres lieux qui se présentent encore plus confusément à ma mémoire. Qui n'a pas entendu parler de l'*Ile d'Amour*, du *Hameau* et de l'*Etang de Sylvie*, et de cette *Ile du Bois vert*, dans laquelle un jeune Cupidon sans ail s, sans carquois, et tenant à la main un cœur, présentoit ces jolis vers gravés sur un piédestal :

> N'offrant qu'un cœur à la beauté,
> Aussi nu que la vérité,
> Sans armes comme l'innocence
> Sans ailes comme la constance,
> Tel fut l'amour au siècle d'or ;
> On ne le trouve plus, mais on le cherche encor.

» Tel étoit ce Chantilly qui attiroit les voyageurs de tous les pays, et excitoit leur juste admiration. On dit (car je sais, mon cher Amable, que tu aimes encore plus les anecdotes que les descriptions) que Louis XIV, enchanté d'une fête magnifique que le prince de Condé lui avoit donnée dans ce lieu rempli de merveilles, le pria de lui vendre ce château, ajoutant qu'il le

47

laissoit maître d'en fixer le prix. —Sire,
dit le prince, c'est à votre majesté
elle-même à le déterminer, mais elle
m'accordera une grâce. — Laquelle?
—C'est de m'en établir le concierge.
—Je vous comprends, mon cousin,
vous garderez votre Chantilly; cela est
trop juste.

— Puisque je suis en train de conter,
voici encore une anecdote que j'ai lue
quelque part, et dont je ne te garantis pas
l'authenticité : on prétend que Paul Ier,
dont je t'ai déjà parlé, avoit, lors de
son séjour à Chantilly, fait lever les
plans du château et des jardins. Lorsque la révolution conduisit à Saint-
Pétersbourg le feu prince de Condé,
l'empereur fit exécuter ces plans en
partie à l'insu du prince auquel, il mé-
nagea la surprise suivante. Un jour que
l'on s'entretenoit des affaires politiques,
et que le prince français témoignoit ses
cuisans regrets d'être éloigné de sa chère
patrie ! —Patience ! patience ! lui dit
l'empereur, allons, ne vous désolez pas,

venez aujourd'hui dîner avec moi, et nous partirons pour Chantilly. Effectivement, après le dîner il conduisit son hôte au nouveau Chantilly, construit à peu de distance de la ville. Le Prince ne fut pas peu surpris de retrouver l'image de ses anciens pénates.

» Mais il est temps d'interrompre mes vieux souvenirs et mes anecdotes ; car nous voici tout-à-l'heure au bout de notre course. »

Nous arrivons effectivement, et mettons pied à terre. Comme nous ne le savions que trop, nous ne trouvons en quelque sorte que des ruines. Hélas ! ce n'est plus ce.....

Chantilli,
De héros en héros, d'âge en âge embelli.

DELILLE, *Poëme des Jardins.*

La hache du vandalisme a, et déjà depuis long-temps, abattu tout ce luxe de bâtimens, de jardins, de décorations. Cependant, comme les regrets sont bien inutiles, ne nous occupons plus que de ce qui subsiste encore de ce séjour, dont le sol du moins n'a pas pu être la proie des dévastateurs, et qui a été restauré de manière à servir encore de demeure au rejeton (hélas ! unique et dernier !) d'une aussi auguste tige. Le vieux et grand château a été détruit complètement, on reconnoît à peine la forme de sa cour intérieure ; mais le petit château subsiste et a été remeublé à neuf. Comme autrefois, il servoit à l'habitation du feu prince, qui est parvenu, à force de soins, à rétablir dans l'ancienne galerie les divers tableaux dits *Batailles du Grand Condé*, représentant les conquêtes de la France sous les règnes de Louis XIII et de Louis XIV. Parmi ces tableaux, qui sont d'une grande et belle facture, il en est sur-tout un qui mérite une attention particulière. Il étoit difficile de représenter les journées victorieuses dans lesquelles un si noble fils de France avoit combattu contre son roi à la tête des armées espagnoles ; et cependant comment consentir à laisser dans l'oubli de si hauts faits d'armes ? Ce fut, dit-on, le prince Henri Jules, fils du Grand Condé (7), qui suggéra au peintre Corneille (8) l'idée heureuse que ce dernier a savamment exécutée de la manière suivante : La sévère Clio foule aux pieds l'Erreur, et déchire du livre de l'histoire quelques feuillets sur lesquels on lit : *Secours de Cambray , secours de Valenciennes , retraite devant Arras ,* *etc. , etc.* ; debout , au milieu du tableau , le Grand Condé impose lui-même silence à la Renommée qui, la trompette à la main, ne publie que ses autres exploits.

Il ne manque plus à cette galerie que les glaces remplacées par des toiles vertes. Seroit-il vrai que la nécessité d'une noble , mais rigoureuse économie, n'a pas encore permis cette dépense indispensable ?

Les peintures en arabesques du cabinet du Prince sont bien conservées et d'un goût infini : c'est une histoire suivie de singes costumés qui représentent les divers états de la vie ; il y a de quoi s'amuser plusieurs heures, et Amable se plaisoit beaucoup à deviner l'intention du peintre dans toutes ces figures grotesques. La salle à manger, le salon ont été réparés, mais la magnificence a disparu. D'autres pièces, dites les petits appartemens, sont arrangées à la moderne et avec quelque somptuosité. De presque tous les points, la vue domine sur la vaste pelouse qui fut toujours admirée à cause de son étendue. Rien ne la couvre qu'un bouquet de six gros arbres, formant une jolie salle de danse pour les gens du village. Tout au tour du petit château on a fait un mince jardin à l'anglaise, où se plaisoit à se promener le feu Prince qui, dans sa noble résignation, n'apercevoit que le terrein où jadis s'élevoient tant de merveilles, que la rivière qui les fécondoit, que.

la tête du canal où se jouoient tant de nymphes et de dryades.

Tous les matins part de Paris, hôtel du Lion d'Argent, à l'entrée du faubourg Saint-Denis, la diligence de Clermont, et elle passe à Chantilly à midi et demi. Nous l'avions su dès avant notre départ, et nous avions pris nos mesures en conséquence (9); avant son arrivée, nous eûmes encore le temps de faire une courte visite à la propriété de M. B.... Les jardins sont vastes, coupés par des canaux qui forment diverses îles, dont l'une dite des Cygnes, et disposés de telle manière que toute la campagne environnante semble en faire partie. Il renferme un grand nombre de grottes, de cabanes, et de cabinets de repos. Tout est champêtre dans ce jardin; il mérite d'être vu.

Nous montons donc dans la diligence, non sans avoir encore reçu d'un parent de notre ami des preuves très-restaurantes de la plus cordiale hospitalité.

De Chantilly à Beauvais on compte 11 lieues et demie de poste. En les réunissant aux 14 déjà faites, cela donne en tout 25 lieues, 7 à 8 lieues de plus que par la route directe ; mais quelle différence de chemin !

En sortant de Chantilly, à la montée d'une assez forte côte, est une belle filature de coton appartenante à des négocians de la capitale, MM. Richard, Le Noir et Cᵉ., et occupant un grand nombre d'ouvriers.

Vingt-unième borne près de Villers sous Saint-Leu. Bois. Pente rapide et belle vue sur Creil ; cette petite ville sur l'Oise que l'on traverse, a une fabrique de faïence en terre de pipe, dont il se fait une grande consommation dans la capitale (10).

La poste n'est pas à Creil, mais à une lieue plus loin dans un village appelé Lingueville ; la route n'a rien de bien curieux.

Clermont sur Oise, où nous arrivons à la nuit tombante. Cette ville, dont

la population est de 2042 habitans (11),
et qui paroît assez jolie, a une manufacture de toiles peintes, et fait un
commerce assez considérable en grains,
œufs, volailles, toiles et flanelles.

Il est près de cinq heures quand nous
arrivons dans cette ville, et il part le
lendemain une diligence pour Beauvais; mais nous préférons achever dans
une chaise de poste de louage les six
lieues qui nous restent à faire.

Route à gauche en quittant Clermont, l'autre conduiroit à Breteuil;
rien de remarquable; la nuit tombe.
A Beauvais nous descendons sur la
Grande-Place, à l'auberge du Cygne.

NOTES.

(1) **Paul I**ᵉʳ, depuis Empereur de Russie. **Assassiné le 23 mars 1801, à la suite d'un complot ourdi contre sa personne par ses propres ministres. Alexandre, son fils, aujourd'hui régnant, lui a succédé.**

(2) **Henri I**ᵉʳ, **duc de Montmorency, pair, maréchal et connétable de France, 2**ᵉ **fils de Anne de Montmorency. Mort en 1614.**

(3) **Coizevox, sculpteur lyonnois, né en 1640, mort en 1720.**

(4) **André Lenostre, contrôleur-général des bâtimens royaux, sous Louis XIV, et intendant des jardins des Tuileries qu'il avoit créés. Ce fut peut-être l'homme de tout le royaume le plus attaché à Louis XIV. Toutes les fois que le monarque revenoit de la campagne, Lenostre lui sautoit au col et l'embrassoit. Il en agissoit de même à l'égard de tous ceux qui faisoient l'éloge du Roi. Ce fut ainsi qu'étant allé à Rome, il frappa cavalièrement sur l'épaule du Pape, et le baisa tendrement. Né à Paris en 1613, mort en 1700.**

(5) **Le comte de Fuentès, célèbre général**

espagnol, né à Valladolid le 18 septembre 1560, commandoit encore à Rocroi, malgré ses quatre-vingt-trois ans, et la goutte dont il étoit tourmenté, cette fameuse infanterie jusqu'alors invincible, et que percèrent enfin nos braves cohortes sous les ordres du Grand Condé. Le valeureux et honorable vieillard se faisoit porter en fauteuil au milieu du carnage, où il mourut percé de coups le 19 mars 1643. Condé, brillant alors de jeunesse et de force (né en 1621), donna des larmes au héros espagnol, et dit qu'il auroit voulu périr comme lui s'il n'avoit pas été vainqueur.

(6) Nous verrons à Rouen la place où cette intéressante et valeureuse héroïne fut brûlée vive.

(7) Né en 1643, mort en 1709. Prince très-éclairé, et protecteur des gens de lettres. Il se distingua sous son illustre père, en diverses occasions, et notamment au passage du Rhin, en 1672, et à la bataille de Sénef, en 1674.

(8) Michel Corneille, peintre et graveur, né à Paris en 1642, mort en 1708. Il a beaucoup travaillé pour les châteaux de Versailles, Fontainebleau, Meudon, Trianon, etc., etc.

(9) On nous parla d'une autre carriole qui passe à Chantilly, à quatre heures après-

midi, et prend aussi plusieurs voyageurs pour Clermont. · · · ·

(10) **Le voyageur qui séjourneroit à Creil, sera loin de perdre ses pas en allant à Nogent-les-Vierges** (un quart de lieue), visiter la charmante propriété qui appartient aujourd'hui à M. M....., et qui a été récemment créée par M. Est.... Le bâtiment est agréable. Il se compose notamment d'un superbe rez-de-chaussée, orné de deux pavillons dans un style très-moderne. Le jardin ou parc a dix-sept arpens, et est dessiné avec un goût particulier. M. Est...., qui a beaucoup voyagé, a su retracer les divers effets de perspective champêtre qui avoient le plus frappé son imagination et sa mémoire. J'avois été visiter ce domaine pendant qu'il étoit en vente. Quatre-vingts arpens de terre sont attachés à ce bien.

(11) **Toutes les fois que l'on trouvera la population annoncée avec cette précision**, c'est qu'elle aura été prise dans l'*Annuaire du bureau des longitudes* de 1818, où elle est établie chaque année d'après les derniers renseignemens reçus à la direction de la Statistique. Dans ces recensemens, on ne comprend pas les militaires sous les drapeaux, et, à plus forte raison, les étrangers.

IIIᵉ JOURNÉE.

Samedi, 29 août.

Ville de Beauvais. — Les Haillons. — La Cathédrale. — La Préfecture. — L'Hôtel-de-Ville. — Tableau et Étendard de Jeanne Hachette. — Procession de Sainte-Angadrème. — Les Mouillettes. — Bibliothèque. — Boulevarts. — Aires. — Manufactures.

Rien n'est assurément tel qu'un semblable voyage, pour, en piquant à chaque instant la curiosité d'un jeune écolier, entretenir en lui cette habitude de se lever de bonne heure, l'une des meilleures de celles que l'on contracte au collége. Nous dormions encore fort paisiblement le bon papa et moi, et, déjà depuis une heure, Amable, accompagné de la maîtresse de l'auberge, rôdoit sur la place. Il faut dire que c'étoit le jour du grand marché qui se tient tous les samedis dans cette place, sur laquelle donnoient nos fenêtres; éveillé par le bruit il s'étoit levé, et cette femme l'avoit pris avec elle en allant faire ses provisions.

Ce marché est considérable ; indépendamment de grains de toute espèce, on y vend toutes sortes d'autres comestibles et une foule d'objets de mercerie, draperie, etc., etc. Nous allâmes donc le chercher sous les *hail-lons*, nom que l'on donne aux nombreuses boutiques portatives, théâtre de cette espèce de foire (1), et nous allons avec lui commencer notre promenade.

Construit au milieu des canaux formés par deux petites rivières, le Thérain et l'Avelon, dont les eaux l'environnent de toutes parts, Beauvais, en latin *Bellovacum*, ville fort ancienne, grande, peuplée et très-marchande, est situé dans un riche vallon entouré de collines riantes et boisées.

Cette ville est traversée par trois routes royales, de Paris à Calais, de Rouen à Soissons, et d'Evreux à Breteuil; ces deux dernières de seconde classe. Les routes départementales de Beauvais à Dieppe, et de Pontoise à Beauvais, viennent y aboutir : sa population est de 12,791 âmes, et même de 14,000 environ, en y ajoutant Saint-Just et Voisinlieu, qui tiennent immédiatement aux faubourgs. C'est le siége de la préfecture, d'une sous-préfecture, d'une cour d'assises, d'un tribunal de première instance du ressort de la Cour royale d'Amiens, d'un tribunal de commerce, de deux justices de paix; elle a aussi une chambre consultative des manufactures et arts.

Les maisons sont, en général, bâties en bois et en mortier de sable, de chaux et d'argile, à la manière de nos plus anciennes villes; des ornemens gothiques, des sculptures en bois décorent l'extérieur de ces habitations surmontées de toits à chapiteaux pointus. Les maisons plus nouvelles sont construites en pierres et en briques.

Le plus bel édifice est l'Hôtel-de-Ville, construit en 1751, et dont la régularité contraste singulièrement avec la bigarrure des bâtimens qui l'avoisinent. Il forme une des faces de la Grande-Place ; on y remarque une très-belle horloge, ouvrage de Lepaute. Nous reviendrons, car il est encore trop matin, visiter l'intérieur de ce palais et quelques curiosités qu'il renferme.

Au moment de la révolution, la place étoit décorée d'une belle statue de Louis XIV, faite pour la place Vendôme de Paris, et trouvée trop petite pour ce vaste emplacement ; elle avoit été donnée par ce monarque au maréchal de Bouflers, et par suite elle étoit devenue la propriété du comte de Crillon, qui en avoit fait cadeau à la ville en 1784. Ce n'étoit que le 11 août 1788 qu'elle y avoit été inaugurée. Quatre ans après, le 13 août 1792, elle fut renversée et mutilée.

Depuis, et pendant le cours de la révolution (14 juillet 1800), M. Cambry, alors préfet de Beauvais (2), posa sur cette place la première pierre d'une colonne destinée à inscrire les noms des braves du département de l'Oise, morts à l'armée. On mit alors, dans une boîte de bois de cèdre du Liban, diverses monnoies du temps, et, de plus, des médailles antiques trouvées près de Breteuil et de Senlis. Il ne paroît pas que cela ait eu d'autres suites.

Non loin de là nous visitons l'ancien palais épiscopal, aujourd'hui hôtel de la Préfecture , édifice d'antique construction , dont les dehors annoncent une petite forteresse , car il est appuyé de deux grosses tours, entouré de hautes murailles, et bordé de fossés qui paroissent avoir été comblés en partie pour former un petit jardin assez bien cultivé.

En sortant de la Préfecture , nous entrons dans un assez joli bâtiment, local de la cour d'assises, qui y tenoit alors ses séances. Ce bâtiment tient à l'ancienne cathédrale, aujourd'hui paroisse de Saint-Pierre.

Cette église est, avec raison, renommée pour l'élévation, la légèreté et la hardiesse de la voûte du chœur, lequel passe pour un chef-d'œuvre d'architecture gothique (3). A la suite d'un aussi beau chœur, comment se trouve-t-il une nef étranglée et mesquine qui se distingue si peu des bas-côtés, que l'on peut dire véritablement qu'il n'y a pas de nef? Les historiens parlent de plusieurs incendies et de divers écroulemens, qui expliquent tant bien que mal cette bizarrerie. Le portail est assez beau, mais beaucoup de statues sont mutilées; la place à laquelle il fait face est mesquine, informe, et obstruée de sales et vilaines échoppes.

On remarque dans cette église de vieilles, mais curieuses tapisseries de la fabrique d'Arras, et sur-tout les grandes et belles tapisseries représentant les *Actes des Apôtres*, fabriquées à la fin du dix-septième siècle, à la manufacture royale de Beauvais, d'après les cartons de Raphaël (4) ; le coloris en est toujours admirable.

De Saint-Pierre nous nous rendons en un moment à Saint-Etienne, seconde paroisse de la ville, qui autrefois en contenoit un grand nombre, ainsi que plusieurs couvens. Cette église est beaucoup moins vaste et moins élevée que la cathédrale. Elle n'est remarquable que par de très-belles peintures sur verre.

En allant à la bibliothèque, nous retraversons la place, et visitons les bâtimens de l'Hôtel-de-Ville. Dans une salle assez mesquine, donnant sur la cour, siége le tribunal de première instance. Le haut est occupé en partie par les bureaux de l'état civil. Le concierge nous ouvre une salle belle et élégamment décorée, où nous contemplons long-temps, et avec beaucoup de plaisir, le tableau de Jeanne Hachette, dont le véritable nom étoit

Jeanne Laisné. L'héroïne de Beauvais est représentée repoussant, à la tête des valeureuses compagnes dont elle étoit le chef, les Bourguignons assiégeant la ville en 1472.

Ce tableau, de treize pieds de large sur dix de haut, est, sous le rapport de la composition, de la couleur et de l'ordonnance, digne de la réputation de son auteur, Barbier l'aîné.

Jeanne Laisné, la hache dans une main, s'empare, de l'autre, d'un étendard que lui dispute encore le bras d'un soldat abattu. L'artiste avoit fait ce tableau pour Louis XVI qui, sur la demande de M. de la Rochefoucault, évêque de Beauvais, en gratifia la ville en 1788.

Mais ce qui est peut-être plus curieux encore, c'est l'étendard même enlevé sur la brèche par Jeanne Hachette. Tous les ans il est porté par les jeunes filles, à la procession de Sainte-Angadrème. « Cette procession, dit »M. Tremblay, fut instituée par let-

» tres-patentes de Louis XI, pour le
» 14 octobre, jour de Sainte - Anga-
» drème, au mérite de laquelle on at-
» tribue la levée du siége. Par ces
» lettres, données à Amboise au mois
» de juin 1473, le Roi ordonna que les
» femmes précéderoient les hommes à
» cette procession, ainsi qu'à l'offrande
» de la messe ; qu'en outre toutes les
» femmes et filles pourroient, le jour
» de leurs noces, et aussi souvent que
» bon leur sembleroit, prendre tels
» atours, vêtemens, joyaux et habil-
» lemens qu'elles voudroient. Cette
» procession, interrompue pendant les
» premières années de la révolution,
» se fait actuellement tous les ans le
» dimanche le plus proche du 14 oc-
» tobre, en exécution d'un décret du
» 12 décembre 1806. »

Au mois de juillet 1815, dans la cérémonie qui eut lieu en réjouissance
du retour du Roi, les dames de la ville
demandèrent à porter ce fameux drapeau de Jeanne Hachette. Et le batail-

lon féminin, ayant pour toutes armes des branches de lys, et escorté de la garde nationale, promena cet étendard aux acclamations d'une population nombreuse accourue de tous les environs.

Sur la foi du même auteur, rappelons aussi ce que l'on appelle encore à Beauvais les *mouillettes*. C'est une espèce de repas qui se fait après la célébration du mariage à l'église : on présente aux nouveaux époux un vase de vin ; le marié y trempe un morceau de pain, et prend la première bouchée ; sa femme mange la seconde : ils boivent alternativement dans la même coupe en signe de communauté de bien et de mal ; les parens répètent la même scène, et chacun s'occupe gaîment de l'alliance qui se contracte. Cet usage remonte, dans les Gaules, à une haute antiquité.

Arrivons à la bibliothèque ; elle est placée dans les bâtimens du collége, et le local n'a rien de curieux. Compo-

sée de sept mille volumes seulement,
on la dit riche en livres d'histoire. Nous
nous fîmes représenter le manuscrit sur
parchemin de Fulcain (Folcoius), ar-
chidiacre et chanoine de Beauvais, l'un
des poètes latins les plus féconds du
onzième siècle, et nous fîmes remarquer à Amable la propreté, et le caractère aujourd'hui vieilli et difficile à lire
de ces sortes d'ouvrages.

C'est ici le cas de rappeler que Beauvais a donné naissance à beaucoup de
savans du premier mérite, parmi lesquels nous nous bornerons à citer :
Loisel (5), Ricard (6), Lenglet Dufresnoy (7), Restaut (8), et notre bon
recteur M. Binet (9).

Rien autre de bien curieux à voir
dans la ville, mais les boulevards méritent d'être visités. Nous les gagnons
en suivant la rue du Collége, et nous
tournons à droite, en laissant ainsi, sans
le savoir, à gauche, les plus beaux, que
nous retrouverons à la fin de notre
promenade.

Il y a seize ans, j'avois vu la ville encore entourée de hauts remparts et de profonds fossés dont la construction datoit des douzième et treizième siècles. Ces fortifications, devenues inutiles et même nuisibles à raison des exhalaisons qui sortoient des fossés marécageux, sont aujourd'hui remplacées, sauf sur quelques points, par de très-beaux boulevards, heureuse transformation due principalement au zèle et aux soins du maire, M. de Nully d'Hécourt. Nous suivons ces boulevards dans la direction des cinq principales portes de *Paris*, *Saint-Jean*, *Gournay*, *Amiens* et *Clermont*, côtoyant ainsi continuellement les rivières dont nous avons parlé, et ayant sous les yeux, soit de riches campagnes, soit de belles manufactures. Cette course, que l'on peut faire dans une heure, est très-agréable, et nous fit connoître la ville et ses faubourgs. C'est sur-tout du côté des portes d'Amiens et de Clermont que ces boulevards, composés de plusieurs allées, planté de marroniers et d'acacias déjà magnifiques malgré leur jeunesse, ornés de divers jeux, tels que paumes, tamis, mâts de Cocagne, présentent un aspect tout-à-fait récréatif.

A cette même partie orientale de la ville, entre la route de Paris et celle de Clermont, sont des jardins légumiers tout-à-fait, curieux appelés *Aires*, et dont nos plus grands marais des environs de la capitale donneroient une foible idée, parce que ces aires sont tout-à-la-fois vergers et potagers. Elles sont d'un produit prodigieux. On assure qu'elles rapportent trois ou quatre fois par an; ces produits, au surplus, sont plus abondans que savoureux, et consomment une énorme quantité de fumier. Elles se cultivent à la fourche et à la bêche. Deux cents filles ou femmes sont occupées pendant huit à neuf mois de l'année à ces travaux opiniâtres, par les propriétaires cultivateurs, que l'on nomme les *Airiers*. Suivant le dire du pays, ce terrain aquatique convient peu aux étrangers qui le cultivent ; mais les fraîcheurs et les fièvres qu'ils éprouvent n'atteignent pas les indigènes.

Nous n'aurions assurément pas la prétention d'instruire nos lecteurs du fort repas, bien aiguisé par l'appétit, que nous fîmes à la suite de cette longue promenade, si nous n'avions pas à rendre quelques grâces à l'excellent mouton de Beauvais, dont la chair est si renommée, outre que la laine de ces animaux est dans le pays un objet de commerce considérable. Nous pouvons dire aussi que les amateurs ont grande facilité de faire venir d'excellente marée par les fourgons, qui, jour et nuit, traversent la ville, se rendant en poste de Dieppe à Paris.

Notre après-midi ne fut pas moins agréablement employée que la matinée. Réservant pour demain dimanche notre promenade dans les environs, nous visitons quelques-unes des nombreuses fabriques qui enrichissent la ville.

La manufacture royale de tapisseries

de Beauvais jouit, avec raison, d'une grande célébrité. Fondée, en 1664, par Louis Hinard, et encouragée, sous les auspices du grand Colbert (10), par la munificence de Louis XIV, elle a de tout temps été l'objet de l'attention spéciale du gouvernement. Cependant la révolution l'auroit mortellement atteinte, sans la protection du ministre Benezech (11), qui la releva de sa chute presque complète. Quelques années de paix lui redonneront toute l'activité dont elle est susceptible. Nous y admirâmes et fîmes remarquer à notre jeune élève les procédés ingénieux à l'aide desquels sont exécutés ces nombreux ouvrages dignes d'être envoyés en cadeaux aux princes de l'Europe. Ce sont sur-tout des vases, des portraits et des tentures, représentant de jolies fêtes champêtres. M. Huet, directeur de cet établissement, nous a paru ne rien négliger pour le maintenir dans le haut degré de prospérité qu'il occupe.

La fabrication des tapis de pied est, avec raison, interdite à cette manufacture royale, ce genre inférieur ne pouvant que gâter les ouvriers, et faire dégénérer l'établissement. Mais une autre fabrique consacrée à cette utile industrie existe dans le local de l'ancienne église de la Madeleine, et met en œuvre, d'après les dessins des plus beaux artistes de la capitale, une quantité considérable de petits tapis de lits, de voitures, de tabourets, façon d'Aubusson, et supérieurs, nous assura le propriétaire, à ceux de cette ville.

La fabrication de toiles peintes ou imprimées, autrement dites indiennes, est en grande activité à Beauvais, quoique beaucoup moins considérable, nous dit-on, qu'au commencement de la révolution. Ce sont les mêmes procédés que ceux usités à la belle manufacture de Jouy, près Paris. Il en existe sept de ce genre, dont quatre à Beauvais même, deux au faubourg Saint-Just, et une à Notre-Dame du Thil. On nous conduisit à celle de Saint-Just, appartenante à M. Baron, comme à la plus renommée. Les bâtiment, les ateliers, les étendages sont vastes et spacieux, et la complaisance du propriétaire qui voulut bien répondre aux nombreuses questions de notre écolier, est digne de remercîmens. Le bruit de toutes ces planches appliquées avec art sur la toile, l'activité des ouvriers qui la plongent dans la cuve, la passent à l'eau, l'étendent, ou l'exposent sur d'immenses prairies de la plus belle verdure, aux douces teintes de laquelle se mêlent toutes sortes de couleurs éclatantes, tout cela forme un spectacle aussi agréable qu'intéressant.

Un autre et très-bel établissement semblable existe dans l'ancienne abbaye de Saint-Quentin. Nous en voyons seulement l'extérieur, et entrons dans une fabrique d'étoffes de laine, située au faubourg de ce nom, dont il embellit l'entrée. Là, depuis la filature de la laine jusqu'à la confection et l'apprêt du drap, tout est successivement exécuté par d'ingénieuses méca-

... mises en mouvement par un

..... l'amateur de l'industrie trou-
.... complètement à satisfaire sa curio-
.... dans cette ville, où sont, et en grand
.... d'autres fabriques de faïence,
.... de fer, de cuirs ; des moulins
.... à huile, à foulon, à tan ; des
.... briqueteries, des brasseries, des im-
.... primeries, etc., etc.

— Tu vois, mon cher Amable, comme
.... milliers de bras sont, chaque jour,
.... une occupation continuelle pour
.... utilité, pour nos plaisirs, pour
notre luxe. Tu vois aussi comme le
travail, et toujours le travail, pourvoit
à la subsistance d'une foule d'individus
estimables et utiles qui inventent, per-
fectionnent ou exécutent ces ouvrages
si nécessaires à la société. C'est ce
que nous t'avons fait plusieurs fois observer tout en visitant l'intérieur de
notre belle capitale, et ce qui est plus
remarquable encore dans les villes ma-
nufacturières, telles que celles de Beau-

vais où nous nous trouvons ; de Rouen que nous visiterons dans quelques jours.

— Que tu puisses graver dans ta mémoire les détails de tout ce qui a fait l'objet de notre attention, cela est, sans doute, impossible ; mais tu es à même de sentir et de juger combien les manufactures en général contribuent aux progrès des sciences et des arts, en même temps qu'elles fournissent aux besoins de la vie. La mécanique, qui invente tant d'instrumens et de métiers, se lie essentiellement à la vaste science des mathématiques. L'art si varié de la teinture suppose des connoissances physiques et chimiques et l'étude de l'histoire naturelle. Le talent du dessinateur et du graveur s'exerce sur toutes sortes de toiles et d'étoffes. A leur tour, l'architecture, la peinture, la sculpture, viennent construire, orner et embellir d'immenses édifices ; et c'est ainsi que tous les arts se prêtent, en bons frères, un secours mutuel, et forment comme un tissu de bienfaits qu'ils étendent sur le genre humain.

NOTES.

(1) Chaque premier samedi du mois, il se tient à Beauvais, à la porte d'Amiens, route de Calais, un marché beaucoup plus considérable encore, dit *Franc Marché*, et ainsi nommé, parce qu'anciennement beaucoup de marchandises, et notamment le vin en gros, s'y vendoient exemptes de droits.

(2) Ce savant administrateur a publié une *Description du département de l'Oise*, Paris, 1805, 2 vol. in-8° et un vol. de planch. Il existe aussi une *Notice sur la ville et les cantons de Beauvais*, publiée aux frais de la ville, par M. Tremblay. Elle nous a fort utilement servi de *vade mecum*.

(3) On dit communément que pour faire une église accomplie il faut : chœur de Beauvais, nef d'Amiens, portail de Reims, et clochers de Chartres.

(4) Raphaël, peintre italien, qui a mérité d'être appelé le grand Raphaël. Né en 1483, enlevé aux arts en 1520. Le beau tableau de la *Transfiguration*, qui orna long-temps le Musée royal de Paris, est regardé comme

le chef-d'œuvre de ce peintre, et peut-être même de la peinture.

(5) Antoine Loisel, né en 1536, auteur d'ouvrages très-estimés de jurisprudence et d'histoire, et aussi de poésies latines. Mort à Paris, en 1617.

(6) Jean-Marie Ricard, né en 1622, l'un des plus célèbres jurisconsultes et avocat au parlement de Paris. Auteur de plusieurs traités très-consultés encore de nos jours. Mort en 1678.

(7) Nicolas Lenglet Dufresnoy, diplomate célèbre par ses talens et son désintéressement. Auteur des *Tablettes Géographiques*, et de la *Méthode d'écrire l'Histoire*. Né en 1674. Le 16 janvier 1755, s'étant mis sur les six heures du soir à lire un livre nouveau, il s'endormit, tomba dans le feu, et y périt.

(8) Pierre Restaut, né en 1694, avocat au parlement de Paris, puis au conseil du Roi. Beaucoup plus connu encore par son *Traité de l'Orthographe* et sa *Grammaire française*. Mort en 1764.

(9) René Binet, dernier recteur de l'Université de Paris, auteur de Traductions d'Horace et de Virgile. Mort à Paris, le 2 novembre 1812, dans un âge avancé.

(10) La postérité a donné ce nom de Grand
an célèbre contrôleur-général, Jean-Baptiste
Colbert, marquis de Seignelay, le protecteur
des arts, des sciences et des manufactures.
Né en 1619, mort en 1683.

(11) Pierre Benezech, né en 1745, ministre
de l'intérieur sous le Directoire, nommé préfet
colonial à Saint-Domingue. Il mourut dans
cette île en 1802.

IVᵉ JOURNÉE.

Dimanche , 30 août.

Environs de Beauvais. — Notre-Dame du Thil. — Ruines de Saint-Lucien. —Cavalcade. — Miauroy ou La Mie au Roi. — Marissel.—Ancien temple de Bacchus. — Le Pré Martinet. — Le Bois Quequet. — Bongenouil.

Nous avons dit quelque part à nos lecteurs qu'une affaire nous retient à Beauvais un jour de plus que nous n'avions voulu y passer. Nous tâcherons qu'ils jugent que nous ne perdîmes pas notre temps en consacrant cette journée à la visite des environs.

Ces environs, tout coupés par de belles routes bordées d'arbres fruitiers, sont en général très-variés et très-pittoresques. Des hameaux, des coteaux, des vallons au travers desquels serpentent les deux rivières dont nous avons parlé, offrent un fort joli coup-d'œil qui s'embellit encore quand on pense à l'utilité de ces riantes cultures.

La route de Calais, sur-tout, en la suivant sur le territoire de Notre-Dame du Thil, présente une promenade tout-à-fait agréable. Là se découvre un vaste bassin fermé par le prolongement de la montagne de Montmille et par les bois qui couronnent le château de Villers.

Cette montagne de Montmille est célèbre par le martyre de St.-Lucien, qui y fut mis à mort l'an 250 de J.-C. La tradition est que les païens lui coupèrent la tête que, nouveau Saint-Denis, il porta lui-même jusqu'au village du Thil, en passant le Thérain à Miauroy. On ajoute que le chemin par lequel il passa est toujours garni de quantité de roses rouges, ce que nous n'avons pas pu vérifier. On dit enfin que, bien que la montagne où il fut martyrisé soit extrêmement escarpée, il n'y est jamais arrivé le moindre accident.

4*

Quoi qu'il en soit, c'est de ce côté que, après avoir entendu la messe dans la belle cathédrale, nous dirigeons notre promenade. Nous passons à Notre-Dame du Thil ; à gauche, sont des ruines qui sont celles de l'ancienne abbaye de Saint-Lucien, abattue depuis quelques années. Nous remarquons une sorte de colonne torse dont la forme singulière, due au hasard, feroit, si elle avoit quelques centaines d'années de plus, l'admiration des connoisseurs et des amateurs de l'antique : cet édifice gothique passoit pour un des monumens les plus curieux des environs de Beauvais. Ce furent, dit-on, les stalles de cette église qui fournirent à Callot (1) ces bizarres dessins dont il a égayé sa tentation de Saint-Antoine. Elles ont été conservées. M. Cambry parle fort au long de cet édifice, tom. II, pag. 189 à 192, 200 à 205, 219 à 317.

En demandant le chemin de Mianroy, nous sommes bien et duement

~~entia de passer~~ à droite le Thérain ,
~~mais nous cédons~~ au plaisir de côtoyer
à ~~gauche~~ de belles prairies. Nous ne
~~tardons pas à~~ en avoir quelques regrets;
~~mais trop braves~~ pour revenir sur nos
~~pas, nous sautons~~ plusieurs petits fossés
~~pleins d'eau.~~ Enfin le chemin est tout-
~~à-fait intercepté~~ par un bras de cette
~~capricieuse rivière.~~ La traversée n'est
cependant pas tout - à - fait imprati-
~~cable : une poutre~~ ronde , transversa-
~~lement jetée,~~ et appuyée sur d'assez
~~mauvais pieux,~~ peut servir de pont
~~à ceux qui,~~ comme nous ont lu leur
~~Horace et~~ qui savent *equitare in arun-*
dine longa. Voilà donc les trois gé-
~~nérations~~ ambulantes, à califourchon
~~sur la~~ rondeur de la dite poutre , se
~~soutenant~~ l'une l'autre à la queue leu
~~leu,~~ ou loup loup, et juchées comme
~~les quatre~~ fils Aymond. Nous effectuons
~~sans~~ encombre ce dangereux passage,
et tout triomphans , nous arrivons
bientôt au moulin à blé de Miauroy.

Au hameau de ce nom est une chapelle où tous les ans se fait un solennel pélerinage. Elle n'a rien en elle-même de bien curieux, mais ses tourelles, rongées par le temps, présentent à l'imagination l'idée de quelque antique oratoire où l'un de nos rois vint unir ses prières à celles de *sa mie*. Aussi quelques galans étymologistes donnent-ils à ce hameau le nom de *la mie au roy*.

Nous goûtons le plaisir de nous désaltérer à la citerne qui est au bas de cette chapelle, avec une eau très-limpide puisée dans une certaine tasse de cuir vernis, petit meuble pliant très-portatif et très-commode en voyage, puis nous rentrons à Beauvais par la route mieux frayée, mais moins jolie, que nous avions négligée. Elle est bordée à gauche de coteaux élevés, du haut desquels nous dominons la ville, et faisons déjà parade de nos connoissances récemment acquises sur ses édifices et ses environs. Le temps, magnifique, nous invite après déjeûner à faire une nouvelle promenade. Nous sortons cette fois par la route de Clermont, nous ménageant ainsi l'occasion de revoir cette belle portion des boulevards. Nous passons à la Poterne (petite porte) Saint-Louis, et arrivons à Marieul, village limitrophe de la ville, dont il peut être regardé comme une espèce de faubourg. Ce joli endroit, qui sert souvent de point de réunion, a été, l'hiver dernier, la proie d'un affreux incendie. Nous vîmes que l'on étoit en train de réédifier beaucoup d'habitations supérieures pour la construction aux méchantes cabanes de boue, de lattes et de chaume, dont il reste des débris et qui durent être si facilement dévorées par la flamme (2).

L'église de ce village est bâtie sur une hauteur. Nous en remarquons le portail orné de guirlandes de vignes sculptées en pierre et bien conservées. Ce genre d'ornement a fait penser que ce pouvoit être un ancien temple païen

consacré à Bacchus, d'autant plus qu'il
n'est pas tourné vers l'Orient, comme
le sont toutes les églises chrétiennes.

De Marissel nous descendons au Pré
Martinet, vaste et belle prairie bordée
de jolis bois; nous passons aux moulins à farine et à foulon de Voisinlieu;
puis, errant à l'aventure dans les sentiers les plus agréables, nous finissons
par entrer, sans le savoir, dans une
grande blanchisserie de toiles, dont la
principale entrée est dans le faubourg
Saint-Jacques, route de Paris. Nous
suivons un moment ce faubourg à
gauche; puis un chemin à droite nous
met sur la route de Meru et de Pontoise, d'où, à travers les vignes, cette
année si bien fournies, nous gagnons
le bois Quequet. Ce bois est aussi un
but fort agréable de promenade habituelle. Nous poussons jusqu'à Bongenouil (en latin *Bonum Genu*, ou *Bovis
Genu*), canton dont le vin, d'ailleurs
fort médiocre dans ce département,

estimé par les gens du pays. Il y
carrière considérable, d'où
tirées les pierres qui ont servi
ction de la cathédrale.
qui s'avance nous fait ren-
trer directement en ville. Amable s'a-
musant beaucoup du singulier patois
des paysannes que nous faisions causer
sur la route.

Nos affaires étoient terminées, nous
avions assez bien vu la ville, ses manufactures et ses promenades, et il nous
restoit encore une partie de la journée, pour avancer, s'il nous plaisoit,
notre route. Mais nous avions donné
parole à l'aimable famille de M. M***
gendre de M. B... l'un des savans les
plus distingués de la capitale. Une
société choisie, un bon repas (article si
recherché et si intéressant en voyage),
une conversation gaie et instructive,
la présence, précieuse pour Amable,
du jeune lauréat qui s'applique à marcher sur les traces de son père, que de

motifs pour remettre à demain la suite d'un voyage que nous souhaitons avoir causé à nos lecteurs une partie du plaisir que nous procure la manière libre et indépendante avec laquelle nous cheminons !

NOTES.

(1) Jacques Callot, dessinateur et graveur, connu par la vérité, l'esprit et la finesse de son burin; né à Nancy en 1593. Louis XIII, pour qui il avoit dessiné le siége de la Rochelle, l'ayant prié de graver la prise de Nancy, dont il venoit de se rendre maître, je me couperois, dit-il, plutôt le pouce, que de rien faire contre l'honneur de mon prince et de mon pays. Mort le 27 mars 1635.

(2) On nous parla également d'un incendie très-considérable qui venoit d'avoir lieu aux environs de Merlou, bourg à quelque distance de Mouy, et que l'on attribuoit encore à la malveillance. Ce qu'il y a de certain, c'est que, à consulter les registres de la cour d'assises de Beauvais, les incendiaires sont nombreux dans ce département. Il est bien à désirer, quoi qu'il en soit, que les administrateurs des diverses contrées de la France encouragent de tous leurs efforts l'usage des nouvelles et économiques pompes à incendie

Ve JOURNÉE.

Lundi, 31 août.

Saint-Jean. — Le Bray. — Gournay. — Equipage pour Forges.

Je me souviendrai toute ma vie, nous dit Amable en frottant ses grands yeux, de la cathédrale de Beauvais, des haillons, du beau tableau et du drapeau déchiré de l'hôtel-de-ville, du drôle de pont sur lequel nous avons manqué faire la culbute, des grandes manufactures et des tapis dont on devroit bien l'hiver couvrir le froid carreau de notre classe, et des jolis environs de la ville; mais je n'oublierai pas non plus le singulier jargon de ces gens-là : est-ce que l'on peut, en conscience, y comprendre quelque chose ?

Il est certain qu'à une distance si

peu éloignée de la capitale , on est tout étonné de trouver un patois aussi inintelligible. La doctrine fameuse de l'enseignement mutuel remédiera-t-elle à cet inconvénient, qui n'est pas, au surplus, exclusif à cette province?..

Mais gardons-nous de paroître, contre notre intention, tourner en ridicule ce qui fait aujourd'hui l'objet d'un enthousiasme général; et, en attendant avec les gens sages le résultat d'une plus longue expérience, poursuivons gaiement notre chemin.

Nos lecteurs nous rendront du moins la justice de remarquer que notre temps se trouve disposé comme sauvé(1) en carême; car, si l'on rencontre des occasions faciles pour faire la route de Beauvais à Gournay, c'est surtout le lundi, le marché de cette dernière ville se tenant le mardi.

La portion la plus lourde, peu considérable d'ailleurs, de notre bagage a été mise à la diligence du Hâvre, et il ne nous reste que nos très-petits paquets dont va même nous débarrasser la carriole d'un voiturier auquel nous payons une légère rétribution, pour qu'il nous porte à Gournay toutes fois et quantes il nous prendra fantaisie de grimper dans sa calèche.

La devançant de plus de deux heures, nous partons pédestrement, toujours accompagnés par le temps calme, tempéré et serein, qui ne nous a quittés que pendant de courts intervalles depuis notre départ de la capitale. Indépendamment de ses autres agrémens et avantages, cette façon de voyager nous fournit chaque jour l'occasion d'établir, entre nous et notre écolier, quelques exercices qui sont autant d'amusemens littéraires, en sachant les proportionner à son médiocre savoir.

Nous sortons par le faubourg de Gournay, et remarquons le beau cours Scellier, puis le faubourg Saint Just.

D'un riche vallon à gauche et d'une
longue allée d'arbres s'échappoient
quelques sons de musette et de tam-
bourin; nous apprenons que c'étoit
hier la fête à ce village dit Saint-Jean,
et que les ménétriers en revenoient
au point du jour pour y retourner le
soir; que cette fête champêtre étoit
en même temps, suivant la méthode
de nos bons aïeux, un objet de dévotion aux reliques du saint qui
ornent la chapelle du lieu ; sur le
sommet d'une haute montagne , on
nous montre un Calvaire tout récemment rétabli.

Les chants ayant cessé, ou s'étant
du moins éloignés de nous, nous cheminons gaillardement ; nous avons
bientôt , à notre gauche , le village de
Goincourt, puis un assez bel étang ,
puis un charmant petit bois, et, de tous
côtés , une grande quantité de pommiers étayés de nombreux supports.

Bientôt le chemin devient montueux

et se dessine mal ; des arpenteurs
sont occupés à prendre des mesures
pour le redresser. Au-delà, le pays
se découvre à nos yeux dans une immense étendue, mais, entièrement
nu de villages, et seulement parsemé
de pommiers fort éloignés les uns des
autres. Nous sommes en *Bray*, pays
faisant partie de la Haute-Normandie,
entre le pays de Caux, le Vexin normand et la Picardie ; toutefois nous
sommes encore dans le département
de l'Oise. Assurément il seroit mieux,
pour les cultivateurs et pour nous,
que nos yeux fussent réjouis par des
coteaux couronnés de pampres ; mais,
comme l'on sait, le sol humide de la
Normandie, si bien pourvue d'ailleurs
de beaux pâturages, et si riche des
dons de Pomone et de Cérès, se re-
fuse à la culture de la vigne.

A Ozembray, que l'on nous avoit
indiqué comme lieu de repos sur la
route, nous ne remarquons pas même

d'auberge; mais nous entrons dans
une ferme, et y trouvons à discré-
tion du bon lait, des fruits et d'ex-
cellents fromages.

Notre équipage ne nous ayant pas
encore rejoints, nous nous avançons;
mais le paysage devient plus désert
encore, et bientôt il ne nous offre plus
qu'une vaste solitude. Des sables
mêlés de bruyère couvrent la trace
du chemin; nous nous égarons.

Pourquoi ai-je promis de ne dire
que la vérité? peut-être pourrois-je,
tout comme un autre, appitoyer mes
lecteurs par le récit de quelque aventure extraordinaire. Hélas! il ne
nous arrive rien de fâcheux; et il faut
croire que nous avons eu l'esprit de
nous orienter assez bien, car, après
une heure et demie de marche à travers terres, nous rejoignons enfin un
endroit sillonné par des roues, et
nous parvenons à un chemin ferré.

Quelle est, de plus, notre joie, en

entendant peu après, derrière nous, le cahotement de la carriole ! Nous y voilà installés, après trois à quatre heures de marche. Le pays change tout-à-fait de face ; des bois, des prairies et toujours des pommiers réjouissent la vue : nous traversons deux forts ruisseaux qui fertilisent ces campagnes ; au second est la limite du département de l'Oise, auquel nous allons faire nos adieux en saluant celui de la Seine Inférieure.

A mesure que nous approchons de Gournay, nous croyons remarquer que les pointes des hauts bonnets dont les femmes se coiffent dans ce pays sont encore plus élevées, et les barbes plus larges. Ces paysannes ont le col chargé d'ornemens massifs en or qui leur couvrent la poitrine ; les plus huppées y joignent de beaux diamans.

Nous traversons un pont sur la rivière de l'Epte (2), et entrons dans la ville.

Gournai, en Bray, petite ville de France en Normandie, département de la Seine-Inférieure, est situé à 5 lieues de Gisors, 5 de Beauvais, 10 de Rouen, et 21 de Paris ; sa population est de 3500 à 4000 habitans ; on sait qu'elle est sur-tout connue par son grand commerce de beurre. Elle a un tribunal de Commerce.

Nous descendons sur la place, à l'hôtel tenu par la dame H..... La plainte étant la seule vengeance que puissent se permettre les pauvres voyageurs rançonnés dans les auberges, qu'il nous soit permis de goûter un moment ce plaisir des dieux, en invitant nos compatriotes à ne pas donner la préférence à cette dame, ou du moins à la prévenir qu'elle ne doit pas les prendre pour des mylords qu'elle puisse se permettre d'écorcher sans pitié.

La ville nous paroît jolie, très-vivante, et se ressent déjà de la grande affluence qu'attire le marché qui doit se tenir le lendemain.

Nous remarquons sur la place une assez jolie fontaine érigée eñ 1780 , par les soins de M. Tiroux de Crosne, intendant de la province, puis nous allons visiter les boulevards. Ils prennent naissance dans un quartier neuf où les maisons sont bâties avec goût, les rues larges et bien alignées. On y monte par un escalier double , en pierre, nouvellement construit, très-spacieux et d'une fort belle forme. Au surplus, ces boulevards méritoient bien l'honneur d'une pareille entrée. Formés par quatre rangées d'arbres très-élevés , et d'une égale grosseur , ils présentent un magnifique rideau. Ils aboutissent à l'hôtel-de-ville, bâtiment petit, mais régulier, auquel on vient d'ajouter deux pavillons dont l'un n'est pas encore achevé.

Nous comptions bien peu sur une

occasion pour repartir sur-le-champ. Elle vient s'offrir d'elle-même à nous ; mais n'aurons-nous pas à rougir de notre grotesque embarquement , et le lecteur ne rira-t-il pas de nous savoir étendus sur la paille dans la longue charrette d'un coquetier, qui retournoit à Forges après avoir apporté force provisions pour le marché du lendemain ? Nous pouvons lui garantir que , l'amour-propre mis de côté , nous nous trouvons plus douillettement couchés, et peut-être plus agréablement voiturés, que dans notre chaise de poste de Clermont. Le bon La Fontaine l'a dit avec raison :

Tout est aux écoliers couchette et matelas.

Amable en fait l'épreuve et s'y endort mieux qu'il n'auroit fait sur le plus moelleux édredon.

De Gournai à Forges nous retrouvons chemin de poste. Nous passons à la fourche de la route de Lions (3), et traversons de longues bruyères.

Insensiblement nous côtoyons de nuit la forêt de Bray , et nous arrivons à Forges à 10 heures du soir, éveillant filles et valets pour nous préparer des lits. Amable continue son somme, et joint si bien les deux bouts que le lendemain matin il ne s'étoit pas aperçu de la reprise.

NOTES.

(1) Il y a dans notre langue deux locutions proverbiales que l'on confond quelquefois, et qui n'ont pas tout-à-fait le même sens. On doit dire d'une chose qui arrive à propos, qu'elle arrive *comme marée en carême*, et d'une chose qui ne manque jamais d'arriver en certain temps, qu'elle vient *comme mars en carême*.

(2) Cette rivière prend sa source auprès de Bernay, et vient se jeter dans la Seine, au-dessous de Vernon.

(3) Petite ville de la haute Normandie, qui se glorifie d'avoir donné naissance à Benserade, poète célèbre à la cour de Louis XIII et de Louis XIV. Né en 1612, mort en 1691.

Que de son nom, chanté par la bouche des belles,
Benserade en tous lieux amuse les ruelles.

(BOILEAU, *Art Poétique*.)

VIe JOURNÉE.

Mardi, 1er septembre.

Eaux de Forges. —Poteries.—Eglise effondrée. — Jolie Route. — Neufchâtel en Bray.—La servante d'auberge.

Forges n'est qu'un fort bourg contenant environ 1500 habitans. A notre réveil nous reconnoissons que nous sommes logés sur une espèce de placé, à la Ville de Paris. Tandis qu'on nous y prépare à déjeûner, nous allons visiter le lieu où de fort loin des voyageurs, et sur-tout, comme l'on sait, des voyageuses, viennent prendre les eaux minérales.

Le maître de ces bains y a une petite maison bâtie en briques avec régularité. Il ne loge pas les *buveurs d'eau*, ce qui convient fort aux divers propriétaires et aubergistes. Sur la droite est un bassin carré dans lequel on descend et duquel jaillissent trois sortes d'eaux plus ou moins ferrugineuses. L'odeur et la saveur, même de la plus forte, n'ont rien de désagréable : on les nomme *Reinette*, *Royale* et *Cardinale*. Cette dernière a pris son nom du Cardinal de Richelieu qui vint boire de ces diverses eaux pour la gravelle dont il étoit incommodé. Il n'entre pas dans notre compétence masculine d'apprécier une autre vertu qui leur est généralement attribuée, mais nous conseillons aux curieux de n'en boire qu'en très-petite quantité s'ils veulent éviter les effets d'une digestion trop prompte.

Le jardin est spacieux et dessiné à l'anglaise, et il se marie agréablement aux vergers qui l'environnent. Un fort tilleul qui imite parfaitement un as de pique, sans que le ciseau s'en soit mêlé, un gros chêne dont nos six bras peuvent à peine embrasser la circonférence, enfin un billard disposé dans le jardin même et qui doit être précieux pour les buveurs d'eau, tels sont les objets de nos courtes remarques. Cet emplacement est situé sur le bord de la route, à deux portées de fusil de la ville.

A quelques pas de là, et en revenant à notre auberge, nous entrons dans une fabrique de pots de terre, et les ouvriers en confectionnent plusieurs sous nos yeux, l'opération n'étant pas longue. Ils se pétrissent avec une terre argileuse que fournit le pays même; on place cette terre sur un tour, et, à l'aide d'un mouvement de pied, elle s'anime, s'élève, et prend la forme que l'ouvrier veut lui donner. Ces vases sont ensuite passés au four, après avoir été enduits d'une poudre rouge qui produit le luisant et la couleur marbrée. Au nombre des quatre ou cinq vases que nous vîmes ainsi fabriquer, étoit une tirelire que notre écolier vouloit emporter ; mais nous lui fîmes observer que les aubergistes ne nous laisseroient guère de quoi mettre en réserve. Rentrés dans la ville, nous allons, suivant notre coutume, et, s'il faut le dire, autant par curiosité que par dévotion, visiter l'église du lieu. Jamais aucune ne s'offrit à nos yeux dans un état aussi déplorable ; la majeure partie s'est effondrée, il y a quelques années, et les fonds manquent totalement pour la reconstruire : il ne reste plus qu'une seule chapelle à laquelle on n'arrive qu'à travers des décombres. Nous faisons la rencontre du respectable curé qui, croyant voir en nous des buveurs d'eau récemment arrivés, réclame honnêtement et indirectement quelques secours pour le rétablissement de son clocher.

Il y a route de poste (4 lieues), et

5*

communication très-facile de Forges à Neufchâtel ; mais instruits que le chemin de traverse est plus court et plus joli, nous ne balançons pas à le suivre. Ce chemin nous tient presque continuellement à l'étroit sous des berceaux couverts, bordés, sur les côtés, de haies vives séparées de distance à autre par des barrières en bois qui marquent la propriété de chacun, et laissent entrevoir les plus jolis vergers et de riches paysages, et toujours les éternels pommiers courbés sous la masse énorme de leurs fruits. Peu d'années, au dire des habitans, auront été aussi abondantes que celle-ci. Le cidre de Bray (nous sommes toujours dans cette partie de la haute Normandie) a quelque réputation ; à parler vrai, nous ne le jugeâmes pas merveilleux, bien qu'il offre une boisson aigrelette et très-rafraîchissante.

Quoique la cueille des pommes ne soit généralement pas encore commencée, cependant nous avons eu deux fois, dans le cours de cette matinée, l'occasion de voir travailler à cette fabrication.

Les pommes que l'on y destine ne sont pas les meilleures à manger. La reinette, par exemple, ne seroit pas bonne pour cet usage. On emploie du reste les pommes du pays, et il y en a de beaucoup de sortes. Avant de mettre les pommes à la *pile*, on les entasse quelque temps dans un grenier pour qu'elles fermentent.

Dans le premier endroit où nous entrâmes, on les écrasoit tout simplement, au moyen de pilons et de massues et à force de bras.

Dans l'autre endroit, ce fruit, en bien plus grande quantité, étoit écrasé dans la *pile*. On appelle ainsi une auge circulaire de bois bien close dont les pièces sont exactement assemblées, pour que le jus ne se perde pas, et dont les meules, soit de pierre, soit de bois, sont appliquées verticalement sur une pièce de bois aussi verticale, mobile sur elle-même, et placée au centre de l'auge. Les meules sont traversées par un long essieu assemblé avec l'axe vertical; à l'autre bout de l'essieu qui s'étend au-delà de l'auge, on attache un cheval qui fait tourner les meules servant à écraser les pommes.

Ainsi broyées, on les jette avec une pelle dans une grande cuve voisine et l'on abat dessus une planche que l'on nomme *hec*, sur laquelle porte une vis de bois, qui, en tournant, affaisse le marc jusqu'à ce qu'il n'en coule plus de jus.

Ce jus est reçu dans une petite cuve au-dessous; on l'entonne ensuite dans des futailles, en le passant dans un tamis. Cette opération du pressurage est plusieurs fois recommencée à l'aide de l'eau dont on arrose le marc, et le cidre est plus ou moins fort, suivant la quantité d'eau plus ou moins considérable.

Il nous a paru qu'on ne faisoit guère dans ces contrées que des cidres légers pour la consommation domestique. On sait que les meilleurs se tirent des environs de Bayeux, de Honfleur, de Pont-l'Evêque (pays d'Auge), et surtout d'Isigny, tous cantons situés dans le département du Calvados.

Nous voici au hameau de Badajoux, puis à un joli moulin que nous croyons avoir nom Rifermière, puis à une cascade naturelle que des paysans possèdent sans beaucoup jouir de ce qu'à tant de frais l'art produit dans nos jardins. Les eaux qui alimentent cette cascade, couvrent aussi momentanément la route ; mais une jolie petite fille s'offre, de la meilleure grâce du monde, à nous abréger le chemin en nous faisant traverser deux ou trois propriétés voisines ; puis enfin, à force de mettre un pied devant l'autre, nous avons fait très-gaillardement les trois lieues qui, par le chemin de traverse, séparent Forges de Neufchâtel.

Salut, mon cher Amable, aux riches et fertiles pâturages qui nourrissent les vaches qui donnent ce bon lait avec lequel on fait ces excellens bondons, contrefaits trop souvent à Paris, et qui s'y débitent en si grande quantité.

C'est un fromage exquis ; le dieu Faune l'a fait ;
    La vache Io donna le lait ;
    Jupiter, s'il étoit malade,
Reprendroit l'appétit en tâtant d'un tel mets.
      (LA FONTAINE, *le Loup et le Renard.*)

Neufchâtel, en Bray, est situé dans un fond, sur la rivière d'Arques, que nous retrouverons. Huit lieues de Dieppe, 9 de Rouen et 31 de Paris, par notre route. Population 3,600 âmes, sous-préfecture et tribunal de première instance.

La promenade du matin et nos fréquens repos sont cause que nous entendons sonner quatre heures quand nous entrons dans cette ville ; en la parcourant pour choisir un gîte, nous abordons un monsieur qui, fort obligeamment, nous répond qu'il se rend à sa table d'hôte, et que nous y serons bien traités, à l'hôtel des diligences de Rouen. Le dîner venoit de finir, mais nous n'en faisons pas moins un bon repas ; et, pour prix de sa complaisance, nous régalons notre guide (ce qu'il veut bien permettre) du café et du petit verre, buvant à nos santés réciproques le normand gloria.

Nous avions, tout en dînant, observé que la servante étoit jolie. Beaux yeux, nez bien fait, taille fine, et nous savions d'elle-même que :

Un dix avec un sept
Composoit l'âge heureux de cet aimable objet ;

modeste, d'ailleurs, dans ses manières comme dans son maintien, et parlant peu. De nous trois, c'est le petit Amable qu'elle a lorgné, comme plus vif, sans doute, et plus sémillant. Il faut, en effet, reconnoître, à sa louange, que pendant toute la route, il s'est fait remarquer par sa joyeuse humeur.

Cette fille donc a jeté sur lui de temps en temps des yeux timidement expressifs. Attendons et observons paternellement ce qu'il pourra en résulter.

Nous errons par la ville, et voyons encore d'assez jolis boulevards très-élevés : ils paroissent avoir été formés aux dépens de l'ancien château ; au milieu un beau tapis vert, dans le bas une grande quantité de petits jardins ; d'un côté des montagnes, et de l'autre un pays fort étendu. Les maisons sont généralement propres et bien bâties.

VIIe JOURNÉE.

Mercredi, 2 septembre.

*Route de Neufchâtel à Dieppe. —
Montagne, Vallée, Eglise et
Château d'Arques. — Dieppe.*

« Encore sept lieues, et je verrai la
mer, » nous dit Amable, en s'éveillant
au point du jour ; le cher enfant ne
pensoit guères à la jolie servante qui,
sans doute, avoit rêvé de lui au moins
une partie de la nuit.

Nous ouvrons la fenêtre, et contemplons avec plaisir un ciel qui
annonce la plus belle journée. En ce
moment la fille entra dans la chambre, coiffée d'un bonnet s'élevant en
pointe, avec de longues barbes bien
plissées et du plus beau blanc ; cette
coiffure, demi-cauchoise, convenoit
parfaitement à sa figure candide. Après

quelques services de toilette rendus à notre écolier, toujours sans lui rien dire, elle lui donne deux baisers, comme s'ils entroient dans son devoir, et elle se retire en silence. Notre espiègle de douze ans les reçut sans perdre de vue sa balle qu'il venoit de faire rebondir ; il nous dit seulement en riant : « Tiens, cette fille qui m'embrasse ! » A quelques momens de là elle remonta pour lui apporter des souliers ; encore deux baisers ! enfin, peu après, Amable, qui étoit descendu pour demander le compte de l'hôtesse, disparut tout-à-fait ; c'étoit la fille qui venoit de l'emmener manger de la crême chez sa mère.

Cependant nous sûmes de notre hôtesse qu'il alloit partir une voiture pour Dieppe ; mais la route, quoique bonne, est fastidieuse, et celle de traverse, plus courte de deux lieues, est des plus agréables ; notre parti fut bientôt pris.

Quand Amable est de retour, en-chanté de son escapade, nous lui par-lons de notre projet de faire sept lieues à pied ; il nous y excite lui-même, et la jeune fille vient nous mettre dans notre chemin.

Nous insinuâmes alors à notre jeune homme que la politesse exigeoit enfin qu'il rendît à son aimable guide ce qu'il avoit reçu d'elle : il nous com-prit fort bien, et s'élançant à son cou, le voilà caché sous son bonnet. Cette scène, qui se passa sur la place pu-blique de l'endroit, y aura peut-être occasionné bien du quanquan. Quant à nous, nous taisons prudemment, quoique l'ayant fort bien retenu, le nom de la jolie servante ; et, au sur-plus, honni soit qui mal y pense, ou y aura pensé.

Nous voilà donc encore une fois sur notre voiture pédestre. Pour éviter que le lecteur, plus pressé que nous peut-être d'arriver à Dieppe, ne saute trop de feuillets, nous serons

jusque-là sobres de nouvelles descriptions. Qu'il lui suffise de savoir que
la route est plus agréable encore que
celle de la veille, parce qu'elle est
plus découverte ; que nous avons
continuellement sous les yeux les vergers les mieux fournis et les plus gras
pâturages ; que nous rencontrons fréquemment de jolis bois qui nous servent de point de repos ; que les châteaux de Biancour et d'Aumoi paroissent être de beaux domaines, et
qu'après les avoir laissés sur la gauche,
on peut, à Saint-Vâ, moitié route,
savourer le laitage le plus pur.

Mais le moyen toutefois de ne pas
faire une mention particulière de la vue
que présentent, de dessus la montagne,
la large vallée d'Arques, les immenses
prairies arrosées par le cours sinueux
de la rivière qui va porter à Dieppe le
tribut de ses eaux limpides, et l'épaisse
forêt du même nom dont les pins,
aussi vieux que le monde, dominent

un paysage enchanteur, et les prairies que les rayons du soleil nuancent du vert le plus tendre et du jaune le plus doré, et ce vieux château tout en ruines qui retrace à l'imagination de glorieux souvenirs !

L'origine de ce château d'Arques semble se perdre dans l'obscurité des siècles ; il paroît cependant prouvé qu'on le construisit au neuvième siècle pour s'opposer à l'invasion des Normands. On croit qu'à cette époque la mer formoit une baie profonde dans la vallée d'Arques, et se prolongeoit jusqu'au lieu nommé Bouteilles que nous traverserons dans un moment. —Voici, mon cher Amable, quelques détails historiques que tu pourrois te rappeler, et qui ne doivent plus sortir de ta mémoire. Après l'assassinat de Henri III, tué à Saint-Cloud par le fougueux Jacques Clément, Henri IV fut reconnu roi par la majeure partie de la France et des seigneurs tant catholiques que protestans ; mais à Paris le duc de Mayenne s'étoit fait déclarer lieutenant-général du royaume , et avoit fait proclamer roi le vieux cardinal de Bourbon. Henri IV ayant gagné la Normandie , pour s'approcher des secours qu'il attendoit d'Elisabeth, Reine d'Angleterre , le duc de Mayenne marcha vers Dieppe, et, le 21 septembre 1589, fut livré le combat d'Arques auquel même quelques-uns donnent le nom de bataille, affaire célèbre où Henri, qui n'avoit que 5000 hommes, tailla en pièces l'armée du duc, forte de 20,000. C'est alors qu'Henri écrivit au marquis de Crillon cette lettre si connue, et où se peint si bien l'âme d'un roi digne d'avoir de vrais amis : « Pends-toi, » brave Crillon, nous avons combattu » à Arques et tu n'y étois pas. Adieu, » mon ami, je vous aime à tort et à » travers. »

Après la bataille, Henri IV fit démanteler le château d'Arques; il a été démoli depuis à diverses époques, notamment en 1724 et 1755, et les habitans d'Arques et même de Dieppe en ont fait servir les débris à la construction de leurs maisons. Aujourd'hui, ces tours, ces remparts ne servent plus d'asile qu'aux chantres ténébreux des forêts.

Arrivés à Arques, nous tournons inutilement, avec le désir d'y entrer, autour de l'église, qui est d'un beau gothique. On y voyoit autrefois un buste qui, d'après l'inscription mise au-dessous, paroissoit y avoir été placé peu après la bataille.

Les deux petites lieues qu'il nous reste à parcourir pour arriver à Dieppe, sont, malgré un peu de fatigue, très-diligemment arpentées. Nous atteignons la route de Rouen à Dieppe; et enfin, cinq heures sonnant, nous entrons dans cette ville par la porte de la Barre.

Traversant la Grande-Rue , nous allons droit au Port. Mais, *ó disappointement* (1) ! il est à sec. Pauvres Parisiens ! nous n'avons pas su prévoir l'effet de la marée descendante, et que le coup-d'œil du port perdra son plus bel éclat. Amable parut avec raison fort étonné de voir tous ces vaisseaux et toutes ces barques sur la terre ferme. Quant à nous , revenus de cette surprise , que le lecteur voudra bien croire avoir été un peu simulée de notre part, tel est, dîmes-nous à notre élève , l'effet de la marée descendante , ou du reflux ; dans quelques heures , lors du flux ou de la marée montante , le port sera rempli d'eau , et tous ces bâtimens seront à flot. Au surplus , demain nous examinerons à loisir ce phénomène et nous te l'expliquerons de notre mieux. A demain aussi , au point du jour , le beau spectacle de la mer ; il se fait tard , et d'ailleurs ventre affamé n'a pas plus d'yeux que d'oreilles.

Tout en disant cela nous longeons le port en jetant un coup-d'œil sur les bâtimens qui le couvrent, et plus encore en cherchant un hôtel. Comme ils sont tous remplis par des Anglais, nous rentrons en ville, et prenons assiette aux Trois Maures, sur la place du marché au Veau, auberge médiocre, mais où cependant nous avons été bien traités.

Dieppe, du mot anglais et flamand *Diepp, bas et profond* (parce qu'effectivement cette ville est dans un fond) est une des cités les plus anciennes de la haute Normandie, au pays de Caux, département de la Seine-Inférieure. Sa population est de 20,000 âmes ; elle a une sous-préfecture, un tribunal de première instance, une chambre de commerce, un commandant de place, un sous-commissaire de la marine. Distance de Paris, 38 lieues par Beauvais, et 46 par Rouen. Les rivières d'Arques et de Béthune y ont leur embouchure dans la mer.

C'est à Dieppe, suivant quelques historiens (d'autres disent à Saint-Valery), que Guillaume le Conquérant s'embarqua le 30 septembre 1066 pour l'Angleterre , quand il humilia sous le joug des Normands le front altier des Anglais.

Les flottes anglaise et hollandaise furent complètement battues à la hauteur de cette ville en 1690 , mais en 1694 les Anglais la bombardèrent et la détruisirent presque entièrement. Elle fut alors rebâtie à neuf telle qu'elle est aujourd'hui ; le passage de France en Angleterre , *et vice versâ* , y est aujourd'hui bien plus fréquent qu'autrefois ; la traversée est, il est vrai , deux fois plus longue que par Boulogne et Calais , mais la route de terre est plus économique et plus agréable. Le port anglais avec lequel Dieppe correspond pour cette traversée se nomme Brighton.

Dieppe a vu naître dans ses murs le célèbre Duquesne, l'un de nos plus grands hommes de mer (2) et émule du fameux hollandais Ruyter(3), qu'il eut plusieurs fois la gloire de vaincre (4).

Ces premières idées prises sur la ville de Dieppe, nous allons la parcourir demain avec l'esprit de curiosité qui nous a guidés dans nos précédentes promenades.

NOTES.

(1) Nous avons cru devoir citer ce mot en anglais, l'Académie n'ayant pas encore adopté le mot *désappointement*. L'usage pourra bien le faire passer en dépit d'elle.

(2) Abraham Duquesne, né en 1610, d'un père marin lui-même, et qui s'étoit appliqué à développer dans son fils les dispositions les plus heureuses pour la carrière qu'il lui faisoit embrasser. Parmi les grandes actions qui rendirent Abraham Duquesne l'un des héros les plus célèbres de la marine française, on compte celle-ci : En 1650, la France alors en guerre avec l'Espagne et l'Angleterre, étant dépourvue de vaisseaux, Duquesne arma une escadre à ses frais ; tandis qu'il marchoit à la rencontre des Espagnols, il rencontra une flotte anglaise très-supérieure en nombre à la sienne, et dont le commandant lui fit dire de baisser pavillon. « Le » pavillon français ne sera jamais déshonoré » tant que je l'aurai à ma garde, dit Du-» quesne ; le canon en décidera, et la fierté » anglaise pourra bien aujourd'hui céder à

» la valeur française. » Le succès seconda sa valeur ; les Anglais, après un combat meurtrier, furent obligés de prendre la fuite. Duquesne mourut à Paris, le 2 février 1688. Louis XIV, qui crut ne pas devoir l'élever à la dignité d'amiral parce qu'il étoit protestant, avoit érigé pour lùi en marquisat la terre du Bouchet, près d'Etampes.

(3) Célèbre amiral hollandais. Né en 1607, tué en 1676, dans un combat naval contre les Français. Louis XIV paya lui-même un tribut d'estime et de regrets à la mort de cet illustre marin.

(4) Dieppe possédoit encore, lors de notre séjour, un savant respectable qui depuis a terminé son honorable carrière à l'âge de 75 ans, M. Cousin Despréaux, auteur de l'Histoire de la Grèce, et d'autres ouvrages. Les journaux ont annoncé qu'il laisse rassemblés quelques documens fort intéressans sur le canal projeté de Dieppe à Paris.

VIIIe JOURNÉE.

Jeudi, 3 septembre.

La Jetée. — Spectacle de la Mer. — Théorie du flux et du reflux. — Maison Bouzard. — Le Quai. — Le Port. — Visite du Régent. — Arrivée du Paquebot The Unity. — Courte Promenade sur Mer. — Le Faubourg Pollet. — Dunes de droite. — Parc aux huîtres. — Intérieur de la Ville. — Tour Saint-Jacques.

O mer ! terrible mer ! quel homme à ton aspect
Ne se sent pas saisi de crainte et de respect !
De quelle impression tu frappas mon enfance !
Mais alors je ne vis que ton espace immense :
Combien l'homme et ses arts t'agrandissent encor !
Là , le génie humain prit son plus noble essor.
Tous ces nombreux vaisseaux suspendus sur ses
   ondes,
Sont les nœuds des états , les courriers des deux
   mondes.

Comme elle à son aspect vos pensers sont pro-
    fonds,
Tantôt vous demandez à ces gouffres sans fonds
Les débris disparus des nations guerrières,
Leur or, leurs bataillons, et leurs flottes entières;
Tantôt avec Linnée (1) enfoncé sous les eaux,
Vous cherchez ces forêts de fucus, de roseaux;
De la Flore des mers invisible héritage,
Qui ne viennent à nous qu'apportés par l'orage;
Eponges, polypiers, madrépores, coraux,
Des insectes de mer miraculeux travaux.
Que de fleuves obscurs y dérobent leur source !
Que de fleuves fameux y terminent leurs courses !
Tantôt, etc.

(DELILLE, l'*Homme des Champs*, Ch. 3ᵉ.)

L'Imagination, *l'Homme des Champs*, un *La Fontaine* composent notre bibliothèque de voyage. Avec quel plaisir, seuls alors au bout de la je-tée, car sept heures sonnoient à peine, nous lisons et relisons, en en facili-tant l'explication à notre élève, ce beau morceau du brillant et gracieux auteur de tant de descriptions élé-gantes et pittoresques !

La jeunesse est naturellement avan-tageuse; notre écolier ne voulut-il pas prétendre que, malgré *son enfance*, il sauroit trouver autre chose, dans le spectacle de la mer, qu'un *espace immense ?....* et en même temps il nous somma, pour qu'il fût à même de tenir parole, de lui expliquer, comme nous le lui avions promis, la théorie des marées montantes et descendantes, et pourquoi le port étoit encore, à cette heure, presque dénué d'eau, et par quel phénomène il ne s'emplissoit que peu à peu. Nous fîmes droit à sa requête à-peu-près en ces termes :

—On appelle le flux et le reflux, ainsi que nous te l'avons déjà indiqué hier, un mouvement journalier qu'on observe dans les mers vastes et profondes. L'Océan monte et descend deux fois par jour par l'effet de deux mouvemens contraires ; tous les jours ses eaux sont entraînées, pendant six heures de suite, du midi au septentrion, et elles s'élèvent tantôt plus, tantôt moins, se répandant sur les rivages : c'est ce que l'on nomme *le flux*. Ces eaux restent quelques minutes dans un état de repos, après quoi elles s'abaissent et redescendent du nord au midi pendant six autres heures, ce qui forme *le reflux* ; au bout de ces six heures et de plusieurs minutes de repos, le flux recommence vers les terres, et ainsi de suite.

Ce flux et ce reflux se désignent le plus souvent par le seul mot de *marée* ; le flux est *marée montante*, le reflux, *marée descendante*. Le moment où finit le flux, lorsque les eaux sont à leur plus haut degré d'élévation, s'appelle *la haute marée* ; la fin du reflux, quand elles sont à leur plus grand abaissement, se nomme la *basse marée*.

Les marées ont une connexion très-marquée avec le mouvement de la lune, et aussi, quoique beaucoup moins grande, avec le mouvement du soleil ; d'où tu dois conclure et retenir que la lune et le soleil, et sur-tout le premier de ces deux astres, sont la cause des marées; et tu dois d'autant plus rester satisfait de cette conséquence, sans demander comment cela se fait, que les génies les plus distingués n'ont pas encore pu déterminer précisément comment ce phénomène s'opère. Quand tu seras plus âgé, tu liras les brillantes théories et les savantes recherches de Newton, de Buffon (2), d'Euler (3), etc., etc.

Tu dois encore retenir dès-à-présent que les marées sont plus grandes et plus rapides aux environs de la nouvelle et de la pleine lune que dans ses quartiers, plus grandes en hiver qu'en été, plus aux temps des équinoxes du printemps et de l'automne qu'aux solstices de l'été et de l'hiver.

Enfin, on a remarqué qu'en pleine mer l'eau ne s'élève que d'environ deux pieds, tandis que sur les côtes elle monte infiniment plus ; sur celles de France, par exemple, les eaux s'élèvent de 18 à 45 pieds.

Tu dois, par cette dernière explication, concevoir combien ces crues d'eau sont commodes aux navires qui en profitent pour arriver au port, ou pour en sortir sans toucher le fond et sans courir le risque de s'ensabler, c'est-à-dire, de s'enfoncer dans le sable.

Je t'ai dit, mon cher enfant, dans la définition des marées, que c'étoit un mouvement journalier que l'on observoit dans les mers très-vastes et très-profondes : c'est qu'en effet il y a certaines mers, plus resserrées, dans lesquelles il n'y a pas de marées, ou du moins pas de marées sensibles ; la raison en est que moins la mer a d'étendue, moins le soleil et la lune ont d'action pour soulever les eaux ; et comme certaines mers (la Méditerranée, par exemple, dont la communi-

cation avec l'Océan est presque entièrement coupée au détroit de Gibral-
tar) ne sont , relativement à cet
immense Océan, que de vastes lacs,
l'élévation des eaux y est presque
insensible.

Tout en tenant cette conversation ,
nous remarquons , dans le lointain ,
quelques bâtimens qui attendent
l'heure de la plus haute marée pour
entrer dans le port , et nous nous
plaisons sur-tout à signaler les bateaux
pêcheurs qui , comme des points
imperceptibles , apparoissent à l'extrémité de l'horison ; Amable tressaille
de joie toutes les fois qu'il en découvre
de nouveaux.

Aux pieds de la jetée, que le flux
de la marée montante blanchit de
son écume , un grand nombre de ces
barques vient déposer des mannes pleines de poissons que des femmes reçoivent et emportent à la ville ; d'autres
partent pour de nouvelles expé-

ditions , et ce mouvement varié et continuel offre un spectacle très-amusant. Nous descendons sur le Galet (1) , que le flot ne couvre pas encore ; nous reculons devant les vagues , et Amable fait , pour ses jeunes sœurs , une provision de jolis coquillages et d'herbages de mer.

Pour nous rendre à cette jetée , nous avions suivi le long quai qui borde le port du côté de la ville ; c'est par le même chemin que nous revenions , témoins alors de tout le mouvement du port , des chargemens et déchargemens de diverses marchandises , et principalement de sels , de poissons , de bois , de morues , de charbon de terre , etc., etc. Ce mouvement est fort intéressant à suivre , en raison de la grande activité des travailleurs , et de leur adresse dans les transports.

Nous avons remarqué, avec intérêt, une petite maison carrée , où se lit ,

en gros caractère , le mot *Bouzard.*
Cette maison , bâtie sous le règne de
Louis XVI , et par son ordre , a été
donnée au brave marin de ce nom ,
qui existe encore, en récompense des
services par lui rendus , et du courage
qu'il avoit déployé dans une occasion
très-périlleuse où il avoit eu le bon—
heur de sauver plusieurs naufragés.

Ce long quai est garni de maisons
alignées et assez bien bâties , dont une
partie offre , sous des arcades un peu
sombres , un abri aux gens de pied.
De l'autre côté du port , est le faubourg
Pollet, presque exclusivement habité
par les pêcheurs et les matelots , et qui
est comme une autre petite ville sé—
parée de la première par un pont.

Le port, ainsi placé entre la ville et
son faubourg , représente une très-
large rivière , où les navires peuvent
aborder à la marée montante , et qui
disparoît à la descendante. Dans les
plus hautes marées , la mer remonte

au-delà de Dieppe, où plusieurs rivières, comme nous l'avons dit, viennent épancher leurs ondes. Des écluses sont ouvertes ou fermées suivant
que les besoins de la navigation exi-
gent un plus ou moins grand volume
d'eau.

Un fort joli paquebot a principalement fixé nos regards : c'est *le Régent,*
qui fait habituellement le trajet pour
Dieppe ou Brighton ; nous y descendons à l'aide d'une petite échelle, et
nous en visitons les coins et recoins,
lesquels sont tellement ménagés, que
la carcasse contient une quantité de
lits de repos élégamment décorés, de
coffres et d'armoires. Les chambres
autour desquelles ces lits sont prati-
qués, sont ornées de bancs, de pliants,
de tables et autres petits meubles ; le
tout du plus bel acajou, et tenu avec
une extrême propreté. Sur le tillac,
sont des cages à volaille, les attirails
de la cuisine, et des bancs pour le

commun des passagers légers d'argent.

Amable s'amuse beaucoup de tous ces détails, et plus encore de voir de très-jeunes mousses déployer en grimpant au haut des mâts une agilité qu'il leur envie.

Le prix de la traversée est annoncé comme étant de deux guinées dans l'intérieur, et d'une guinée sur le tillac ; mais il paroît que là comme ailleurs il est des accommodemens.

Quand nous fûmes sortis de ce paquebot : Nous avons, dis-je à notre écolier, visité en Parisiens ce bâtiment que nous quittons. Nous en avons observé l'élégante distribution, et tu as été enchanté de refaire un bout de toilette devant un *bonheur du jour*; mais, comme tu penses bien, cette élégance ne seroit que le moindre mérite d'un vaisseau. Destiné (car ici je te parle en thèse générale) à voguer sur le vaste Océan, à braver les vents et

les tempêtes pour servir de *courrier
aux deux mondes*, un navire exige
pour sa perfection un art et des détails
infinis. Que de choses, mon enfant,
tu ignores encore là-dessus ! mais c'est
assez pour aujourd'hui de notre leçon
sur les marées ; quand nous serons au
Havre, où d'ailleurs la marine est infiniment plus considérable qu'à Dieppe,
je chercherai à te donner quelques
idées sommaires sur la construction
des divers bâtimens, sur leur distinction, et à bien te faire comprendre
pourquoi et comment les mâts et les
voiles sont d'une si grande utilité, et
même d'une nécessité indispensable
pour tenir la pleine mer. Nous dirons
aussi un mot de la boussole, cet ins-
trument si précieux pour la navigation, et auquel tu n'as pas fait plus
d'attention qu'au baromètre de notre
chambre.

Aussi bien, mon cher enfant, j'a-
perçois un autre paquebot qui arrive

à pleines voiles, car, tandis que nous causons, la marée a insensiblement atteint sa plus grande hauteur. Vois comme ce bâtiment s'avance, halé par des femmes et des enfans déguenillés qui gagnent quelques sous à ce travail. Le voici à bord. C'est encore un paquebot anglais, *the Unity* (l'Unité). Tu vois le nom vers la proue, au bas de cette figure sculptée.

Ce bâtiment est effectivement un paquebot qui arrive encore de Brighton, et nous présidons au débarquement, spectacle amusant et curieux. Les passagers, montés sur le tillac, semblent dévorer des yeux la terre hospitalière. Les douaniers accourent faire une visite rigoureuse, et un galant gentleman, cherchant en vain à déguiser sa corpulence factice, est atteint et convaincu d'avoir voulu passer en fraude des cachemires ou des gazes, que peut-être, hélas! il destinoit à quelques belles Françaises; tandis-qu'à côté de lui, une jeune et jolie lady atteste, en souriant, à ces messieurs si sévères, qu'il existe une cause très-réelle de sa très-légitime rotondité, à laquelle ils n'ont rien à reprendre.

Aux douaniers succèdent les aubergistes, tiraillant les voyageurs pour les appeler à leurs hôtels ; nos yeux s'arrêtent principalement sur deux dames anglaises remarquables par leur beauté, et paroissant souffrir encore beaucoup du mal de mer.

Nous n'avions nullement pensé à faire nous-mêmes une promenade sur le *perfide élément* : elle n'eût pas été pour nous absolument neuve, et nous n'y voyions pas grand agrément pour notre écolier que le mal de mer pouvoit incommoder. Mais un de nos amis de Paris, par nous rencontré ce matin sur le port, a arrangé une partie à notre insu, et il se fait un plaisir de nous offrir des places dans une assez jolie gondole. Il est accompagné de plusieurs dames, de sa jeune fille; la mer est si calme qu'il n'y a pas le moindre danger. Il a obtenu des autorités compétentes la permission nécessaire : nous voici donc voguant dans sa barque légère. Nous gagnons le large, et nous éloignant à la distance d'environ trois quarts de lieue, nous promenons sur la plage, sur la ville, sur le port, sur les dunes et sur-tout sur la plaine liquide, nos regards curieux; mais bientôt plusieurs dames de la société, quoique la mer soit très-peu agitée, éprouvent de si violens maux de cœur que nous revenons promptement à terre, après une seule heure d'embarcation : il étoit aussi temps pour notre jeune homme.

Reprenons donc notre promenade pédestre ; traversant le pont que nous avons dit séparer la ville du faubourg Pollet, nous passons devant une petite église de mesquine, mais toutefois assez jolie apparence, appelée Notre-Dame des Grèves, laquelle vient d'être rendue au culte, et dont la nouvelle inauguration s'est faite le premier de ce mois avec beaucoup de solennité ; puis nous montons par des chemins fort escarpés aux dunes du côté droit de la jetée. Elles forment une très-grande plaine dont le terrein est fort inégal, et qui paroît soigneusement cultivée.

Arrivés au bord de la mer, il nous semble la voir une fois plus vaste encore que le matin. Nous nous asseyons et demeurons long-temps dans une sorte d'extase ; puis, sous le roulis des vagues qui mugissent au-dessous de nos pieds, notre écolier nous récite de mémoire la description des flots calmés par Neptune, au premier livre des Métamorphoses.

A la descente des dunes, on peut, comme nous le fîmes, se diriger vers le parc aux Huîtres dit le parc des

Capucins : il en existe, à ce qu'il paroît, deux ou trois autres, mais celui-ci est le plus renommé. Ces parcs ne sont autre chose que de grandes claies disposées en carrés et soutenues de pieux ; on met au milieu, en pile, les huîtres que l'on fait venir de Granville et de Cancale, et la marée les couvre deux fois par jour. Ainsi parquées, elles n'en sont que meilleures.

Ces réservoirs d'eau salée ont trois à quatre pieds de profondeur, et communiquent avec la mer à l'aide d'un conduit par lequel l'eau peut entrer ou sortir ; pour que cette eau soit toujours limpide, on a soin de garnir l'enceinte d'une couche de petit galet et de sable. On recommande que le parc, à partir de la surface, aille en diminuant insensiblement en forme de glais qui s'incline vers le centre. Les huîtres sont placées à mi-bord, de manière à éviter le contact de l'air qui, comme on sait, leur est mortel.

ainsi que l'eau de rivière. Cette surface présente à l'œil réjoui de l'amateur une espèce de rocher plat tout couvert d'huîtres.

Quant au débit, il ne se fait que dans la ville, et, sans prétendre créer des réputations, nous croyons rendre service à nos lecteurs en leur indiquant comme méritant à Dieppe la renommée du rocher de Cancale de Paris, la maison du sieur Frégart, sur le port. On sera peut-être choqué, au premier abord, de l'entrée, qui n'est rien moins que brillante; mais, outre qu'aux étages supérieurs les pièces sont très-propres, le gourmet le plus difficile aura de quoi être pleinement satisfait, sur-tout s'il demande à être servi par le maître de la maison. Tous les aubergistes ont sans doute la même facilité de faire venir les huîtres du parc; mais nous, et d'autres, avons cru voir que certains d'entr'eux s'en approvisionnent sans être absolument sûrs du débit et ne les conservent pas avec les précautions qu'exige ce coquillage qui rencontre tant d'amateurs.

Du parc aux Huîtres, nous revenons en ville par le petit pont des Écluses, et nous remarquons de jolies îles plantées de saules et de peupliers; quelques navires en radoub, et les grands apprêts d'un bassin destiné à recevoir des bâtimens plus considérables; malheureusement ces travaux ne sont pas en grande activité.

Notre journée se termine par la visite de l'intérieur de la ville. On prétend que l'ingénieur chargé de sa reconstruction après le bombardement de 1694, avoit tellement mécontenté le public, qu'on lui donna le sobriquet de M. *de Gasteville.* Il est certain qu'elle n'est pas belle, quoiqu'en général les rues soient alignées et les maisons construites en brique avec symétrie; la Grande-Rue, la seule remarquable, est remplie d'assez jolies boutiques dont beaucoup sont garnies de divers ouvrages en ivoire. Dieppe passe pour être depuis long-temps le lieu du monde où on le travaille avec le plus de perfection ; les dentelles faisoient aussi autrefois une branche très-importante de son commerce, mais aujourd'hui la consommation de cet article est bien moins considérable.

La ville contient deux grandes paroisses, Saint-Remy et Saint-Jacques ; cette dernière église se distingue au loin par sa tour qui est d'un bon style gothique, et très-élevée ; du haut de la plate forme nous jouissons encore d'une perspective très-étendue, ayant tout autour de nous la ville, la campagne, le port, et l'immensité de la mer.

NOTES.

(1) Charles Linnæus, né en Smaland, province de Suède, en 1707; l'un des plus grands naturalistes du dix-huitième siècle, et celui de tous les botanistes qui a exercé sur la science l'influence la plus universelle. Un monument magnifique lui a été érigé dans le jardin de l'Université d'Upsal qu'il avoit dirigée pendant quarante ans. Mort dans cette dernière ville, le 10 janvier 1778.

(2) Georges-Louis Leclerc, comte de Buffon. Né le 7 septembre 1707, à Montbar en Bourgogne; le plus célèbre naturaliste, et l'un des plus éloquens écrivains de France. L'épigraphe mise au bas de son buste:

Majestati naturæ par ingenium.

(Son génie égale la majesté de la nature.)

est un juste tribut d'éloge payé à la supériorité de son esprit sublime. Son Histoire Naturelle est entre les mains de tout le monde, et on en a fait des abrégés pour la jeunesse. Ses ouvrages cependant doivent être lus avec discernement, en ce qui concerne la partie physique, car plusieurs de ses ingénieux systèmes ne sont plus regardés aujourd'hui que comme de brillans jeux d'esprit.

Partagé entre le Jardin du Roi, dont il étoit intendant, et sa belle maison de Montbar, toujours livré au travail, et comblé d'hommages qu'il aimoit à recueillir, Buffon mourut à Paris, le 16 avril 1788. C'est dans la Théorie de la Terre, faisant partie de l'Histoire Naturelle, que se trouve l'explication des marées.

(3) Léonard Euler, l'un des plus illustres géomètres et des plus féconds écrivains du dix-huitième siècle; né à Basle, le 15 avril 1707. On a dit de lui, en annonçant sa mort arrivée subitement le 7 septembre 1783, que ce jour-là « il avoit cessé de calculer et de vivre. » Il a composé plusieurs ouvrages latins sur les phénomènes célestes, lesquels contiennent de très-savantes recherches sur la théorie des marées.

(4) Galet. On appelle ainsi ces cailloux polis, et le plus souvent plats, que la mer pousse sur certaines plages. Ce roulement du galet charrié par l'impulsion des vents d'ouest, et la direction des courans (on donne ce nom à certains endroits de la mer

où l'eau court rapidement d'un certain côté), est le fléau de nos ports de la Seine-Inférieure sur la Manche, qu'il encombre de vase, de gravier, de cailloux. Cet inconvénient se fait gravement sentir à Dieppe, à Tréport, à Saint-Valery, à Fécamp, au Hâvre.

IX.ᵉ JOURNÉE.

Vendredi, 4 septembre.

Le camp de César. — Bains de Mer. — Propriétés des eaux de la Mer. — La citadelle. — Dunes de gauche. — Commerce et pêche. — Qualités des Dieppois. — Voyage du duc d'Angoulême en 1817. — Départ pour le Hâvre. — Cany.

Nous venons d'arrêter une voiture retournant de Dieppe au Hâvre, et nous nous sommes engagés à partir à deux heures précises de l'après-midi, heure déjà convenue, nous dit le conducteur, avec trois autres personnes ; en conséquence, redoublement de diligence matinale, et dirigeons nos pas vers le camp de César.

C'est le nom que l'on donne à une portion de dunes éloignées d'environ trois quarts de lieue de la ville et faisant suite à celles que nous avons vues hier. Traversant le faubourg Pollet , nous montons par une gorge étroite et fatigante , au haut de laquelle nous sommes bien récréés par l'aspect magnifique du soleil s'élevant du sein de la mer , spectacle qui se prolonge long-temps à nos yeux parce que nous montons continuellement. Nous arrivons à l'emplacement qui passe pour avoir servi de camp au conquérant des Gaules et de la Grande-Bretagne. On prétend que Louis XIII étant à Dieppe en 1617 , fut visiter ce lieu, accompagné des princes et des seigneurs de sa Cour, et que tous , les commentaires de César à la main , furent d'avis qu'il avoit effectivement dû camper dans cet endroit dans le même temps qu'il fit bâtir la ville de *Julia bona*, aujourd'hui Lillebonne, dans le pays de Caux. Quoi qu'il en soit, cet ancien camp n'a rien de très-curieux, souvenirs à part. Il n'y reste pas de vestiges d'anciennes constructions ; ce n'est qu'un emplacement qui nous paroît au surplus assez respecté, tandis que les terres d'alentour sont , tant bien que mal, livrées à l'agriculture. Au bas est le petit village de Puys.

A notre retour , traversant pour la sixième ou huitième fois le port qui offre un mouvement toujours nouveau , nous prenons notre direction vers les bains de mer, placés entre la jetée et les dunes de gauche , sur lesquelles est appuyée la citadelle.

Nous avons à arpenter un large terrain avoisinant les bords de la mer, et que l'on nomme *épaulements* (1).

En approchant du bâtiment des bains , nous apercevons un grand nombre de baigneurs de l'un et l'autre sexe se promenant sur la plage avec la plus grande assurance. Les dames, couvertes de longues tuniques de diverses couleurs, se laissent conduire par des matelots qui les tiennent sous le bras, et les plongent et replongent dans la mer. A quelque distance de là, les hommes, aussi décemment vêtus, s'abandonnent sans guides à la fureur des vagues. Je suis d'abord seul cet exemple; mais je demeure bientôt si convaincu qu'avec un tant soit peu de prudence il n'y a pas le moindre péril, que nous nous élançons tous les trois. Le rivage présente, en cet endroit, une surface très-étendue, tout-à-fait unie et couverte d'un sable très-fin, très-chaud, et d'autant plus agréable au pied, qu'il a fallu, pour y arriver, marcher sur le galet. Il n'est nullement nécessaire de se plonger dans la mer jusqu'au cou, et il est même plus agréable de voir arriver la vague qui se retire après vous avoir couvert, et dont l'on peut facilement mesurer la hauteur et l'intensité. Cet exercice a été pour nous un véritable amusement d'enfant. Ces bains sont, dit-on, très-bons contre les maladies de nerfs; et qui, aujourd'hui, n'a pas les nerf. de temps en temps malades? On prétend aussi qu'ils ne sont pas sans vertu contre les morsures d'animaux enragés.

Quoi qu'il en soit, nous remarquerons que l'eau de la mer est généralement peu limpide, sur-tout aux bords; sa saveur est salée et âcre, ayant à-peu-près le goût de celle dont se remplissent les huîtres.

Le sel marin dont l'eau de la mer est chargé, lui donne, d'après les calculs de la physique, un excès de poids sur l'eau douce. C'est à raison de ce surcroît de pesanteur qu'elle gèle difficilement, qu'elle s'évapore moins promptement, et sur-tout qu'un vaisseau déplace une moins grande quantité d'eau dans la mer que dans un fleuve.

Cette âcreté de l'eau marine, ce sel dont elle est imprégnée, la rendent non potable. Divers procédés de chi-

7*

mie ont été mis en œuvre par les savans les plus distingués pour la des-
saler et en faire une boisson saine.
Pour atteindre ce but, il faut en même
temps employer des voies non dispen-
dieuses, vu la facilité que les na-
vigateurs ont de conserver de l'eau
douce. Jusqu'à ce moment, ce double
problème n'a pas été parfaitement ré-
solu, mais de nouvelles tentatives sont
encore fréquemment faites.

Reste à dire un mot sur la couleur
de l'eau de la mer, qui est d'un vert
léger : c'est l'effet de la profondeur
de cette masse d'eau qui absorbe les
rayons de la lumière. C'est au coucher
du soleil dans la mer que cet effet est
très-remarquable. Nous nous procu-
rerons, au Hâvre, ce magnifique spectacle.

Des bains il n'y a qu'un pas à la
citadelle, bien qu'il faille rentrer dans
la ville par la porte de la Barre. Ce
vieux château est fortifié de quatre

bastions irréguliers. Nous montons à une petite esplanade, et nous sommes empêchés par la sentinelle d'aller plus loin.

Il nous restoit à voir les dunes de gauche; nous les gravissons, et nous nous félicitons d'avoir gardé ce spectacle pour le dernier. Ces dunes étant plus hautes que celles de droite, et plus avancées en mer, la vue n'est plus masquée par rien, et la vaste étendue d'eau, plus bruyante alors et plus agitée que la veille, que nous avons presque tout autour de nous sous les yeux, étendue que l'œil mesure encore au-delà des bâtimens les plus éloignés que nous ne découvrons qu'à l'aide de notre lunette, cela nous paroît être le *nec plus ultrà* de l'étendue de mer que l'œil puisse apercevoir.

La cloche de midi nous tire de notre dernière extase. Il ne nous reste plus que deux heures pour payer notre écot et faire notre troisième et dernière visite à M. Frégard, ce qui est poli et honnête, puisque nous ne le connoissons que depuis vingt-quatre heures; et il nous faut encore trouver le temps de faire emplette de quelques échantillons des jolis et légers ouvrages d'ivoire dont j'ai déjà parlé.

— Nous allons donc, mon cher enfant, quitter, aussitôt après notre dîner, ce port de mer que tu avois tant le désir de voir, qui est encore sous tes yeux, et de la vue duquel j'espère que tu auras tiré quelque profit. Il y a plusieurs particularités dont il me reste à t'entretenir.

Parmi les bâtimens que tu as vus, et qui ne sont presque rien quant au nombre et même quant à la grandeur, comparés à ceux que nous verrons au Hâvre, il y en a cependant quelques-uns qui sont destinés pour les ports les plus éloignés de l'Europe, et même pour les îles du Levant et de l'Amérique; mais ce dont les marins de Dieppe s'occupent spécialement, ce qui fait la majeure partie de leur commerce, c'est la pêche sur les côtes, et la pêche de la morue au banc de Terre-Neuve.

La pêche sur les côtes, qui se fait en général à l'aide de filets, procure les divers poissons de mer que tu connois, les soles, les carrelets, les maquereaux, les turbots, etc., etc. Mais ce qui fait la principale richesse de la ville, c'est la pêche du *hareng*, ce chétif poisson dont la consommation est si grande parmi les gens du peuple.

Ce poisson marche par troupes immenses, et ces bandes partent tous les ans des contrées du nord de l'Europe, où, à l'abri des gros poissons, leurs mortels ennemis, ils ont pu multiplier. Ces armées énormes se divisent et longent différentes côtes où elles sont attirées par des vers ou insectes dont elles font leur nourriture. Une multitude de vaisseaux de diverses nations viennent les attendre à leurs différens passages. On les pêche ordinairement la nuit, parce qu'on reconnoît mieux le fil ou banc des harengs que l'on distingue clairement par le brillant de leurs yeux et de leurs écailles. On se sert aussi de lanternes qui, en les éblouissant, les empêchent de discerner les filets. On va à la pêche du hareng au mois d'août, mais la principale a lieu à la fin de septembre ou au commencement d'octobre. Aussi, dans un mois environ, ce sera ici un mouvement, une agitation dont tu ne te fais pas d'idée. Une foule de bateaux se promeneront alors sur les côtes anglaises d'Yarmuth ou sur la côte française de Boulogne au Hâvre. Chacun sera dans l'attente du succès. Il y a telle pêche de harengs qui vaut 100,000 francs et plus.

Un mot actuellement sur la pêche de la morue, cet autre poisson peu délicat au goût de certains gourmets, de toi, par exemple, qui t'amuses à faire le difficile ; mais dont il se consomme aussi une si grande quantité.

La pêche de la morue se fait spécialement dans l'Amérique septentrionale, à la baie du Canada, à l'île Saint-Pierre, au banc Vert, et au grand banc de Terre-Neuve. On appelle de ce dernier nom une île de l'Océan, sur la côte orientale de l'Amérique septentrionale, à l'entrée du golfe de Saint-Laurent, à 15 ou 16 lieues du cap Breton ; elle appartient aux Anglais, mais les Français s'y sont réservé le droit de pêche.

Cette pêche se fait ordinairement depuis le commencement de février jusqu'à la fin d'avril : on se sert de lignes et de filets. Quoique chaque pêcheur ne pêche le plus souvent qu'une morue à-la-fois, ce poisson est si abondant qu'il en prend communément 3 à 400 par jour. Ces morues subissent plusieurs opérations pour la salaison ou le séchage. On tire des foies de morues une huile dont il se fait une consommation considérable dans nos tanneries, quand les huiles de noix et de lin viennent à manquer.

Je dois te parler aussi du mode de pêcher ces fameuses huîtres qui me paroissent plus de ton goût que la morue, et que, comme je te l'ai dit au parc, les Dieppois vont chercher sur les côtes de Granville et de Cancale. Quand le reflux de la mer laisse à découvert les huitrières (les rochers sur lesquels les huîtres sont amoncelées), on les prend tout simplement avec la main : autrement, on se sert d'une drague, laquelle est une espèce de rateau de fer qui mord sur le fond, et enlève l'huître, qui tombe dans un sac fait de réseau de cordage et attaché à la drague.

Passons à autre chose encore. Parmi les particularités dont nous t'avons promis de t'instruire sur la ville de

Dieppe, nous ne passerons pas sous silence deux qualités précieuses que l'on s'accorde à reconnoître dans les habitans de cette ville, la piété et l'amour de nos rois. Sans doute, cette dernière qualité est commune à toutes les villes de France; mais les Dieppois aiment à rappeler qu'ils ont reçu de nos rois, à cet égard, des témoignages particuliers de satisfaction dont ils s'honorent. A son passage à Dieppe, Louis XIV voulant faire connoître aux habitans qu'il se souvenoit de la fidélité qu'ils avoient montrée pour les rois ses prédécesseurs, et notamment pour Henri IV son grand-père, voulut être gardé par les Dieppois, au lieu de l'être par les régimens de sa garde. En juillet 1815, l'auguste fille de Louis XVI a débarqué à Dieppe, et y a été reçue avec toutes les marques du plus ardent enthousiasme; et, lorsqu'en octobre 1817 son illustre époux, le duc d'Angoulême, est allé en Normandie et en Bretagne porter des paroles d'amour, de paix et de concorde, et recueillir pour le Roi et la famille royale les bénédictions des peuples, son passage à Dieppe a été signalé par des réjouissances qu'accompagnoient tous les transports de la plus vive allégresse. Il visita alors le port avec le plus grand intérêt, et les demoiselles eurent l'honneur de lui offrir au nom de la ville un vaisseau en ivoire que le Roi a daigné accepter.

J'ai ajouté que les Dieppois sont très-pieux. Tu as pu voir par toi-même que les deux églises que nous avons visitées hier soir étoient remplies de fidèles, quoique ce ne fût pas un jour de fête. C'est sur-tout à la sollicitation des marins-pêcheurs qui habitent le faubourg du Pollet, qu'a été rendue au culte divin la petite église de Notre-Dame-des-Grèves que nous avons vue ce matin....

Notre conversation se trouve enfin

interrompue par l'arrivée du voiturier auquel nous avions donné parole. Nous partons.

Ici, lecteur, une surprise qui sent peut-être un peu le roman, mais n'en est pas moins vraie. Nous nous rencontrons en montant en voiture avec les deux dames anglaises que nous avons vues la veille descendre si malades du paquebot : c'est la mère et la fille accompagnée de son jeune frère. Elles se rendent, à ce qu'il nous paroît, à Paris, pour affaires de commerce, et elles ont eu, comme nous, la curiosité de faire un détour par le Hâvre, ayant d'ailleurs le dessein de s'en retourner par Calais, tant 22 lieues de mer les ont fatiguées.

La mère parle facilement le français, a de l'amabilité et l'usage du grand monde. Nous prîmes aussi une idée avantageuse de l'éducation de la demoiselle, quoiqu'un peu de timidité l'empêchât de s'exprimer dans

notre langue. Enfin, il n'y a pas jusqu'à l'écolier anglais qui ne baragouine
le français de manière à se faire fort
bien comprendre. A mon tour, je veux
risquer un colloque anglais, mais je
ne tarde pas à m'apercevoir que je suis
à-peu-près inintelligible, quoique je
lise cette langue assez facilement; ce
dont, par amour-propre, je fais sur-
le-champ preuve à ces dames. *Ergò*
donc, la conversation ne se fait plus
qu'en français.

Les étrangers ont réellement sur
nous l'avantage inappréciable dans
la vie, et sur-tout dans la carrière
politique ou commerciale, de cultiver
beaucoup plus les langues étrangères
vivantes. Nous les forçons à apprendre
la nôtre, et j'accorde bien volontiers
que ce soit un hommage rendu à sa
supériorité incontestable ; mais que
de fruits cependant à retirer de l'é-
tude des langues anglaise et allemande
si répandues dans l'Europe, et dont

la première sur-tout envahit les deux hémisphères ! Je suis toujours étonné que dans nos colléges et dans les pensions qui les alimentent on ne s'occupe pas de l'étude parlée de ces deux langues. Je conçois bien qu'on ne peut pas tout apprendre à-la-fois, et je ne dis pas que le temps n'est pas bien employé ; mais voilà que l'on parle de consacrer des heures spéciales à l'étude de la géographie et de l'histoire. Si donc c'est chose convenue qu'il y a du temps de reste, je dis : presque tous les auteurs que l'on explique dans les classes, depuis les epitome, jusqu'à Plutarque, Thucydide, et Virgile même, donnent aux élèves, sur l'histoire et la géographie anciennes, des aperçus étendus et exacts qu'ils trouvent classés dans Rollin avec beaucoup de méthode. Vertot, Péréfixe, Millot, les siècles de Louis XIV et de Louis XV, qui traînent sur toutes les tables, et à la lecture amusante desquels les jeunes gens un tant soit peu studieux consacrent une partie de leurs récréations, voilà de quoi pourvoir leur esprit de notions abondantes qu'ils pourront eux mêmes par la suite étendre et développer.

Cependant, au sortir du collége, l'écolier est tout-à-fait étranger aux langues en question; il veut cependant les apprendre, il prend des maîtres, il y consacre beaucoup de temps, mais il manque d'occasions pour les parler; l'organe n'est déjà plus aussi flexible, il n'acquiert que des connoissances superficielles. Je mets en fait que c'est là ce qui arrive à grand nombre de jeunes gens, qui, en bien moins de temps, s'ils étoient à certains jours (ceux de congé, par exemple,) forcés de les parler, posséderoient par la suite et posséderoient réellement les langues des Milton et des Klopstock, dont l'étude pour beaucoup d'entr'eux, comme pour l'illustre chancelier d'Aguesseau (qui, malgré sa modestie, le disoit souvent) (2), n'auroit été en quelque sorte qu'un amusement du jeune âge.

Grâce pour cette petite digression. Déjà nous apercevons Bourg-d'Un, 4 lieues de Dieppe et poste, après avoir passé deux petites rivières que l'on nous dit être la Seye et la Saiënne. Nous voyons la route de Rouen à Saint-Valery, petit port par lequel nous aurions pu prendre notre direction, si nous ne dépendions pas de notre voiturin, et enfin nous arrivons à la nuit close à Cany, 5 lieues de Bourg-d'Un, petite ville sur la rivière de Durdan, qui renferme plusieurs moulins à huile et des manufactures d'étoffes grossières. Nous n'avons rien de mieux à faire que de reposer, en songeant que les diligences sont quel-

quefois bien utiles pour arriver promptement , mais que nos promenades
moitié à pied , moitié dans les voitures
de rencontre, ont un bien autre agrément.

NOTES.

(1) ***Epaulement***, terme de fortification. Espèce de rempart fait de fascines et de terre, qui sert principalement pour couvrir une batterie de canon, ou des troupes. (*Dictionnaire de l'Académie.*)

(2) **Aguesseau** (Henri-François d'), avocat-général à vingt-deux ans, chancelier de France, le plus illustre des magistrats qui ont honoré notre patrie, l'éloquent écrivain auquel il semble que l'on ne rendroit qu'une justice imparfaite en lui appliquant la définition que Cicéron donne du parfait orateur : « *Vir bonus dicendi peritus*, l'homme de bien qui sait bien parler. »

M. d'Aguesseau étoit en outre profondément instruit; non-seulement il possédoit le grec, le latin, l'hébreu, et d'autres langues orientales, mais encore il connoissoit bien l'italien, l'espagnol, le portugais et l'anglais, et il se plaisoit à dire : « qu'apprendre une langue étoit un amusement. »

Né à Limoges, le 7 novembre 1668; mort à Paris, le 9 février 1751. Un obélisque funéraire, élevé devant l'église d'Auteuil, contient sa dépouille mortelle et celle de sa digne épouse, Anne Lefèvre d'Ormesson.

8

~~~~~~~~~~~~~~~~~~~~~~~~~~~~~~

Xe JOURNÉE.

Samedi, 5 septembre.

Fécamp. — Montivilliers.—Harfleur.
Chaussée de César. — Le Hâvre,
le port, les bassins.

Sous le bon plaisir de nos aimables
voyageuses , nous faisons diligenter
notre conducteur, afin de rester le
plus de temps possible à *Fécamp* et
à *Harfleur*. La supériorité du jeune
Anglais avoit piqué l'amour-propre de
notre écolier. Il hasarde, tout triom-
phant, quelques mots anglais qu'il m'a
forcé le soir de lui apprendre , mais,
moqueur la veille, il est moqué le
lendemain. Nous rions. Une sorte d'in-
timité s'établit. Les petites provisions
anglaises et françaises sont gaîment
échangées ; et, la roue tournant, nous
avons fait les 5 lieues qui séparent
~~~~~~~~~~~~~~~~~~~~~~~~~~~~~~

Cany de Fécamp, sans avoir eu d'autres objets de remarque qu'une côte rapide à la sortie de cette première ville, de belles plaines, et de riches vergers, honneur et fortune du pays de Caux, et de nombreux pommiers qui par-tout promettent la plus abondante récolte de cette boisson, dont notre compagnon de voyage a dit un peu hyperboliquement peut-être :

> Du pommier neustrien ainsi le jus brillant
> Prodigue au moissonneur son nectar pétillant.
>
> (DELILLE (1), *les Trois Règ. de la Nat.*, ch. 6.)

Fécamp ou Fescamp, Fiscamnum, port de mer, 14 lieues de poste de Dieppe et 10 du Hâvre, renferme une population d'environ 7000 âmes ; les habitans s'y occupent principalement de la pêche du hareng, de la morue et du maquéreau. Tribunal de commerce ; sous-commissariat de la marine.

La ville, généralement bien percée et bien bâtie, annonce une sorte d'opulence. Nous sommes fort bien traités au *Cheval blanc*. La marée est très-abondante dans ce port ; cependant nous sûmes que ce que nous appelons le coquillage, et ce qu'on y nomme la rocaille, ne s'y trouve guère que le samedi.

Le port est petit, mais joli ; pour avoir un beau coup-d'œil de la mer, il faut monter, comme nous le fîmes, à un ancien monastère dont les ruines sont aujourd'hui converties en ferme. De ce point l'horizon est immense, et l'Océan, habituellement couvert d'une foule de petits bateaux pêcheurs, offre encore une perspective magnifique.

En quittant Fécamp, nous traversons plusieurs villages dont les noms sont tous terminés en *ville*, et nous nous arrêtons un moment à Goderville, bourg et poste. 3 lieues.

Montivilliers paroît peuplé et étendu. Nous avons, à la sortie, la vue d'une belle vallée, en longeant la petîte rivière de la Lezarde que nous traversons à Harfleur.

Harfleur est une ville fort ancienne. La chaussée qui conduit à Lillebonne (2), se nomme encore aujourd'hui la *Chaussée de César*. La tradition est que cet empereur la fit construire, dans le temps, avec les pierres provenantes de la démolition de Lillebonne. Harfleur avoit autrefois une splendeur qu'il a tout-à-fait perdue, depuis que le Hâvre est devenu un port considérable. Ses murailles et ses fortifications ont été rasées, et son port, comblé, ne reçoit plus que de simples barques.

A droite nous voyons l'abbaye de Graville, située sur une hauteur et sur des rochers que tout annonce avoir jadis été baignés par les eaux de la mer.

Plus nous approchons, plus la vue s'agrandit et s'embellit; nous traversons de belles avenues, nous longeons, à droite, la côte d'Ingouville, et par la porte de ce nom nous entrons au Hâvre.

— Tu as été enchanté, mon cher Amable, de la vue de Dieppe; les premières impressions sont les plus fortes et les plus durables, et tu n'imagines peut-être rien de plus curieux que cette ville. Nous voici cependant dans un port dont l'importance et l'activité sont bien supérieures. Dès ce moment même, à travers ces rues bien percées, tu peux apercevoir une foule de mâts, et juger que les bâtimens sont ici bien plus nombreux et bien plus considérables.

Le Hâvre-de-Grâce, où la Seine a son embouchure, a dans quelques anciens auteurs le nom de *Francisco-polis* (ville de François). François Ier en est en effet regardé comme le créateur, bien qu'il paroisse que, dès 1509, Louis XII en avoit jeté les fondations.

Le mot de *hâvre* s'explique bien facilement, car, de tous les temps, les Bretons de la Grande-Bretagne ont appelé *aber* toute embouchure d'un fleuve ; les Anglais et les Allemands en ont fait *haven*, et nous *hâvre*. Quant à l'origine du mot de *grâce*, elle a long-temps embarrassé les érudits. Piganiol de la Force (3) l'a découverte d'après des mémoires jusque-là, dit-il, inconnus. Le hameau, sur l'emplacement duquel la ville a été bâtie, renfermoit une petite chapelle dédiée à Notre-Dame de Grâce ; voilà tout le mystère.

Il y a peu de ports comparables à celui-ci pour la facilité des arrivages ; les vaisseaux peuvent y entrer par presque tous les vents, avec sûreté et commodité, depuis sur-tout que l'on y a construit nombre d'écluses et de canaux d'écoulement. Comme place de guerre, le Hâvre a toujours passé pour l'une des clefs du royaume, mais important sur-tout sous le rapport du commerce , il est le centre de la majeure partie des expéditions maritimes de la France pour les colonies , et il sert d'entrepôt aux marchandises coloniales que les Français et les étrangers importent. Voisin de la capitale , il communique avec elle, soit par terre, soit par la Seine , et cette rivière lui facilite encore les moyens de correspondre avec un grand nombre des départemens de l'intérieur. Diverses manufactures ajoutent à la prospérité de cette ville , l'une des plus commerçantes du royaume. C'est , après Rouen , la ville la plus considérable du département de la Seine-Inférieure. Sa population augmente chaque jour(4).Elle faisoit autrefois partie de la Haute-Normandie et du pays de Caux. Elle a une sous-préfecture , un tribunal civil , un tribunal de commerce , un commandant de place, et plusieurs commissaires et sous-com-

missaires de la marine. Elle est dis-
tante de 50 lieues de Paris, de 18 de
Rouen, et de 12 de Caen.

Un rang de triples fossés sert de
rempart à la ville, dans laquelle on
entre par un pont-levis qui se lève
tous les soirs à minuit seulement, et
qui se referme au point du jour. (Les
autres portes ne sont ouvertes que jusqu'à huit ou neuf heures du soir,
suivant la saison.) Cette porte fran-
chie, on arrive à la grande rue qui
aboutit au port.

Nous sommes descendus à l'hôtel
d'Angleterre, et, nos adieux faits avec
la plus touchante cordialité à notre
famille anglaise, qui est attendue chez
un négociant de la ville, nous allons
employer ce qui nous reste de jour à
parcourir le port et les beaux bassins.

Le port n'est pas très-grand par lui-
même; il est placé entre la ville et
la citadelle; l'entrée en est formée
par un des côtés de la ville, et par

deux jetées de pierre dites du *nord-est* et du *sud-est*. Au commencement de la première est une tour ronde fort grosse, surmontée d'une plate-forme que garnissent quelques canons destinés à défendre l'entrée du port. On y laisse monter les curieux, qui sont là aux premières loges pour voir entrer et sortir les bâtimens, et suivre tout le mouvement des départs et arrivages. Cette tour, construite en 1520, a conservé le nom de *Tour de François I*er. Mais ce sont surtout les bassins qui font la splendeur et la richesse de la ville. Nous en remarquâmes trois : le vieux bassin, le bassin d'Ingouville, et le bassin de la Barre. Ces deux derniers, dont la dimension nous a paru être de deux cent cinquante toises environ de long sur une cinquantaine de large, sont encore susceptibles d'agrandissement, et, de plus, on en construit en ce moment un autre, dit le Bassin Neuf, qui sera, à ce que l'on espère, ter-miné dans trois ans, et qui doit être à lui seul aussi spacieux que les trois autres.

Le Hâvre peut contenir en ce mo-ment quatre à cinq cents bâtimens connus sous les divers noms de goë-lettes, sloop (on prononce *sloup*), cutter (*coûtre*) *trois mâts*. (Il nous a paru qu'en général on appeloit ainsi tous les navires marchands qui ont *trois mâts*, bien que ce genre de bâ-timent ait diverses espèces particu-lières.)

— Mais le jour baisse, mon cher enfant, et le soleil est à son déclin. Allons au bout de la jetée le voir se coucher dans la mer ; c'est, comme je te l'ai dit à Dieppe, un fort beau coup-d'œil. Demain nous entrerons dans un de ces navires marchands, et nous apprendrons à distinguer les mâts, les voiles, etc.

La mer étoit légèrement agitée, et

la lumière de l'astre radieux étoit horizontalement portée sur les flots qui
la réfléchissoient en cent façons. Le
blanc succédoit au pourpre, au pourpre une couleur cendrée. Un vert
tendre, un bel azur marioient alternativement leurs teintes agréables.
Nous jouîmes beaucoup de ce spectacle.

Cependant la sombre épouse de
l'Erèbe avoit à son tour déployé ses
voiles, mais la lune, plus favorable encore aux voyageurs qu'aux poètes et
aux amans, promenoit son flambeau
argenté...... Brisons là-dessus; nous
nous sommes, et pour de fort bonnes
raisons, interdit les fictions poéti-
ques. Nos jeunes lecteurs devinent
bien qu'au clair de la lune, et par
un ciel étoilé, la vue d'un port présente encore un magnifique coup-
d'œil. Du reste, il est bien temps
de reposer.

NOTES.

(1) Nous n'avons encore donné aucune ~~notice sur~~ Delille, soit par oubli, soit plutôt ~~parce qu'il nous~~ sembloit que nos plus jeunes ~~lecteurs~~ connoissoient bien ce poète célèbre, ~~mort~~ il y a peu d'années.

> Vous n'êtes pas savant en *us*,
> D'un Français vous avez la grace,
> Vos vers sont de *Virgilius*,
> Et vos épîtres sont d'Horace.

lui écrivoit Voltaire dans un temps où il n'avoit pas encore composé ses plus beaux titres à la gloire littéraire.

Le chantre gracieux *des Jardins*, de *l'Homme des Champs*, de *la Pitié*; l'élégant traducteur *des Géorgiques*, de *l'Enéide* et *du Paradis Perdu*, le brillant auteur de *l'Imagination* et *des Trois Règnes de la Nature*, Jacques Delille, naquit le 22 juin 1738, dans la Limagne, en Auvergne, contrée fertile qu'il a plusieurs fois chantée. Orphelin dès son bas âge, et sans fortune, il commença, après avoir fait d'excellentes études au collége de la Marche, par remplir dans l'Université des emplois subalternes.

Insensiblement son mérite perça ; ses ouvrages, l'amabilité de son caractère et de son esprit lui valurent la protection des grands, et principalement celle de Monsieur, alors comte d'Artois ; il devint riche des bienfaits de la cour. La révolution lui ayant enlevé toute sa fortune, il s'en consola dans une humble retraite, en faisant de charmans vers sur la pauvreté, et il eut le bonheur de n'être pas même emprisonné pendant nos plus violens orages, quoiqu'il eût fait preuve de courage et de franchise. Depuis il se retira en Lorraine, en Suisse, en Angleterre, et enfin il revint vivre en France, éprouvant de temps à autre quelques persécutions sourdes de la part de Buonaparte, qui ne l'aimoit pas, parce que le poète indépendant avoit toujours refusé de s'attacher au char du triomphateur. Avec quelle ivresse Delille eût chanté le retour des Bourbons ! cette douce satisfaction lui manqua ; il mourut le 1ᵉʳ mai 1813.

(2) Le château de Lillebonne, ville située à 3 lieues de Caudebec, et à 9 de Rouen, sur l'ancienne route de Rouen au Hâvre, passe pour être un des monumens les plus curieux et les mieux conservés de la Normandie. On croit qu'il a été construit par les

ducs de Normandie qui l'avoient destiné à être une des barrières de la Seine, comme étant à la proximité de son embouchure. On a aussi découvert, près de l'endroit où est aujourd'hui le bourg de Lillebonne, les restes d'un ancien théâtre construit par les Romains, avec des escaliers encore entiers et des arcades pour le service de l'intérieur. Ces fouilles se continuent; les personnes qui vont de Rouen au Hâvre, et reviennent à Rouen, feront bien de prendre par cette route, et de revenir par celle de Bolbec et Yvetot que nous avons tenue dans la suite de ce voyage.

(3) J. Aymar Piganiol de la Force, savant auteur d'une *Description Historique de la France*, d'un *Voyage en France*, etc. etc. Né en 1673, mort en 1753.

(4) L'*Annuaire du Bureau des Longitudes*, de 1818, ne porte la population du Hâvre qu'à 20,620 individus. A entendre plusieurs habitans, nous l'aurions crue beaucoup plus considérable.

XIe JOURNÉE.

Dimanche, 6 septembre.

Notre-Dame. — Le vieux Marché. — La Bourse. — Mouvement du port. — Le passager d'Honfleur. — Jetée du Nord - Est. — La Claudine et l'Antigone. — Le Parc aux Huîtres. — La Citadelle. — Embouchure de la Seine. — L'Heure. — Graville-le-Vieux. — Canal d'Harfleur. — Graville-le-Neuf. — Côte d'Ingouville. — Saint-Adrès. — Phares et Cap de la Hève. — Ortie ou Gelée de Mer. — Retour en ville. — Salle de Spectacle provisoire. — Nouvelle Salle en construction. — Intérieur de la Ville.

Notre première visite dut être à la principale église, celle de *Notre-Dame*. C'étoit anciennement la petite chapelle que nous avons dit avoir donné à la ville le surnom de *Grâce*. Elle est en forme de croix, et présente un mélange d'architecture ancienne et moderne.

Avant d'arriver à l'église, sont, également dans la grande rue, la place du vieux marché, et la salle du tribunal civil, aujourd'hui fermée, et que nous ne croyons pas avoir rien de bien curieux.

Nous sommes aussi privés de voir l'intérieur de la Bourse, sise sur le port, à l'extrémité de la grande rue; elle est très-rapprochée de la tour de François Ier. Une petite promenade est auprès.

Nous montons à cette vieille tour; la mer est beaucoup plus agitée que nous ne l'avons vue à Dieppe, et, sans assez peut-être nous occuper du prochain, notre premier mouvement est d'en éprouver une véritable satisfaction. Plusieurs vaisseaux viennent

d'être signalés en mer, et les propriétaires ou consignataires sont radieux
de joie, tandis que d'autres braquent
leurs longues lunettes, s'inquiétant
sur le sort de leurs bâtimens qui déjà
devroient être rendus à leur destination. De petites barques creuses, portant chacune six ou huit pilotes-côtiers, partent à l'envi, et semblent
s'abîmer sous les flots. On donne ce
nom de pilotes-côtiers à des matelots qui, connoissant parfaitement la
côte, savent garantir les vaisseaux des
bancs de sable et des rochers contre
lesquels ils pourroient se briser à leur
entrée. La première de ces chaloupes
qui abordera le bâtiment, sera celle
qui guidera le navire au port, très-
bonne aubaine.

Nous descendons et présidons à l'embarquement des passagers qui se rendent à Honfleur, sur le paquebot portant lui-même le nom de passager. Re-
connoissant quelques-uns de nos com-

patriotes qui viennent faire le *voyage de mer des Parisiens*, peu s'en faut que nous ne cédions à la tentation de *partager leurs périls*; mais cela dérangeroit notre plan, et nous en avons assez pour le moment de notre promenade de mer à Dieppe, dont le lecteur peut avoir conservé quelque souvenance. Il part tous les jours du Hâvre plusieurs barques de cette espèce; l'heure varie suivant celle des marées. Ce sont de petits bâtimens, ayant un seul mât, où l'on reçoit, sur le pont, et voyageurs et marchandises. Quand le temps est mauvais, il n'y a pas moyen de se mettre à l'abri. Quelques rangées de bancs placés à l'arrière, ou, si l'on veut, à la poupe, sont occupés par les premiers arrivés. Les autres se juchent, comme ils le peuvent, sur des ballots. Nous nous étonnâmes de ce que, dans le siècle de la perfectibilité, on n'avoit pas encore inventé de plus commodes nauti-célérifères.

La traversée est de 3 lieues de mer ; la durée de la course est très-variable. Par un très-bon vent, elle n'est que de trois - quarts d'heure , mais souvent elle se prolonge pendant quatre ou cinq heures (1).

Nos adieux faits à nos compatriotes , nous allons visiter deux navires marchands , l'un . *la Claudine* , du port d'environ deux cents tonneaux (nous expliquerons tout - à - l'heure à nos jeunes lecteurs ce que cela signifie), et prêt à partir pour la Louisiane ; et l'autre , *l'Antigone* , de trois cents tonneaux environ , qui doit également mettre à la voile sous peu.

Partez , heureux nochers ; de ces fertiles bords,
Des tributs étrangers apportez les trésors ,
Cet or , ces diamans dont l'Europe est avare ,
Et ces frêles tissus dont la beauté se pare.
Par les nœuds du commerce enchaînez l'univers.

(*Les Trois Règnes de la Nature,* ch. 2.)

— La Louisiane , contrée fertile de l'Amérique septentrionale, appartenante aujourd'hui aux États-Unis, vers laquelle *la Claudine* va faire voile sous très-peu de jours, ne produit, mon cher Amable, ni or, ni diamans; mais on y trouve en abondance le coton avec lequel se fabriquent tant de toiles de diverses sortes. Ce coton provient d'un arbrisseau qui porte des fruits de la grosseur d'une noix, divisés en plusieurs cellules ou cavités qui contiennent les flocons de ce blanc duvet. En voici sous tes yeux, sur le port, plusieurs sacs que l'on appelle *balles*. C'est ainsi qu'on l'apporte de l'Inde dans nos fabriques, après quelques légères préparations, qui ne consistent guère qu'à le séparer de la graine et à le mouiller.

Mais c'est ici, mon cher enfant, le moment de te donner les instructions élémentaires que je t'ai promises sur la différence de ces bâtimens, les mâts dont ils sont ornés, et les voiles qui les font voguer avec vîtesse et sécurité.

Dans la foule des bâtimens qui garnissent le port et les bassins, distinguons d'abord toutes ces barques qui n'ont qu'une petite voile, ressemblant à celle qui nous a promenés à Dieppe sur la mer; les plus fortes ne font que naviguer sur les côtes, aller à la pêche, porter et rapporter des marchandises, et faire enfin ce que l'on appelle *le petit cabotage.*

Viennent en second rang, et pour un cabotage plus considérable, de plus grands bateaux connus sous les noms de *sloops, lougres, cutters, goëlettes* et autres, et ayant un seul mât *perpendiculaire* (car le mât incliné horizontalement à la proue ne compte pas dans la désignation de un, deux ou trois mâts). Cette espèce de bâtiment est celle qui suit le mieux le vent, qui *apique* le mieux au vent, pour me servir d'une expression technique, et que l'on promène le plus volontiers dans les belles mers. Ils sont très-faelles à manœuvrer en raison même de leur petite dimension, et ils virent très-facilement de bord, c'est-à-dire que l'on en change très-aisément la direction.

Suivant que les bâtimens ont à refouler dans leur marche une quantité d'eau plus considérable, parce qu'ils sont plus chargés et plus lourds, ils ont besoin d'un plus grand nombre de mâts. Ils en ont alors deux et le plus souvent trois, comme celui sur lequel nous sommes. Avant de venir à leur dénomination, expliquons en quoi la mâture et la voilure sont si importantes pour la navigation.

Un vaisseau est, en général, un poids énorme qui ne peut être ébranlé que par une force considérable. Les rames, propres à fendre l'eau pour conduire les barques, sont tout-à-fait insuffisantes pour faire mouvoir d'aussi lourdes masses. Il a donc fallu avoir recours au vent et calculer ses effets.

L'air (car le vent n'est autre chose que l'air mis en mouvement), l'air, cet élément qui environne le globe de la terre, est un fluide si rare, que son effet n'est grand qu'alors qu'il agit sur une surface un peu étendue. On a donc inventé les voiles, qui présentent une certaine surface, au moyen de quoi elles reçoivent de l'air une impulsion proportionnée à la masse à mouvoir ; et il est facile de concevoir sur-le-champ comment, en déployant les voiles, ou, au contraire, en les abaissant, en les *calant*, on donne au vent, selon sa force et le besoin que l'on en a, plus ou moins de prise.

On a observé que le cours du vent étoit ordinairement horizontal ; dès-lors on a calculé que le plan des voiles devoit être vertical ou perpendiculaire à l'horizon ; et c'est pour donner aux voiles cette inclinaison que l'on a inventé les mâts, ces grosses et longues poutres auxquelles sont attachées les voiles dans une position verticale.

Les autres pièces de bois qui sont attachées au travers des mâts du bâtiment pour soutenir les voiles, sont les *vergues*. Elles servent à les déployer et à les étendre, afin que l'impulsion du vent soit plus directe et plus multipliée.

Des mâts, des vergues, des voiles composent donc tout l'appareil nécessaire pour communiquer à un vaisseau le mouvement qu'il peut recevoir du contact de l'air. Les voiles reçoivent l'impression du vent : elles la transmettent aux vergues qui les soutiennent. Ces vergues sont portées par les mâts, qui sont étroitement liés aux vaisseaux. C'est ainsi que cet effort du vent se communique au bâtiment, qui, dès-lors, pressé par une telle puissance, refoule l'eau fluide, surmonte sa résistance et marche avec rapidité.

Actuellement, mon cher enfant, que tu peux avoir des idées assez nettes sur l'utilité des mâts et de leurs accessoires, venons à leur nombre.

Et, d'abord, parlons du mât de *beaupré*, quoique, comme je l'ai déjà dit, il passe en quelque sorte par-dessus le marché dans la désignation des mâts qui indiquent la force du bâtiment. Ce mât de beaupré est même le plus essentiel de tous. Il sert de clef et de point d'appui aux autres dans les balancemens et oscillations du navire, occasionnés par l'action continuelle des lames de la mer. C'est, en effet, sur le beaupré et sur son *bout dehors* (bâton, petit mât attaché au beaupré), que font effort les étais qui tiennent le *mât de mizaine*, sur lequel s'étayent eux-mêmes les autres mâts : aussi donne-t-on à ce mât de beaupré beaucoup de diamètre relativement à sa longueur.

Le *mât de mizaine* est celui qui est à côté du mât de beaupré. Vient ensuite, à-peu-près au milieu du bâtiment, *le grand mât;* et énfin celui qui est placé à la poupe est le *mât d'artimon.*

Ces trois mâts sont eux-mêmes, suivant la force des navires, surmontés de petits mâts, qui, par leur hauteur particulière, ajoutent à la hauteur de chacun des trois grands mâts. Mille autres détails, mon cher enfant, sont encore très-intéressans et même fort amusans; mais je craindrois de charger pour le moment ta mémoire, sans grande utilité. L'année prochaine, si nous terminons notre voyage de Normandie, tu verras Cherbourg, et là s'offriront à tes regards des vaisseaux de guerre, plus grands encore, et qui pourront donner lieu à beaucoup de nouvelles explications.

C'est ainsi qu'il nous resteroit maintenant encore à parler de la construction même du vaste coffre de bois qui forme le navire, des ponts, de l'armement, de la destination de toutes ces machines flottantes que le génie actif de l'homme et l'esprit d'intérêt livrent aux caprices et aux fureurs d'un élément perfide, que cependant bravent et maîtrisent les marins familiarisés avec les dangers de la navigation. Ajournons donc tous ces détails à l'année prochaine; cependant je ne puis me dispenser de te donner quelques courtes instructions sur ce que l'on entend par *tonneau*, et sur la *boussole* que tu vois ici soigneusement renfermée dans une boîte auprès du mât de beaupré.

Tu as entendu plusieurs fois, et à Dieppe et ici, dire d'un navire, qu'il est de cent, de deux cents, de trois cents tonneaux et plus. Les plus considérables qui mouillent ordinairement dans ce port, sont de cinq cents tonneaux. Ceux que tu as sous les yeux me paroissent du port de deux cents à quatre cents. En terme de marine, il ne faut pas entendre par tonneau, le vaisseau de bois cylindrique auquel dans le langage vulgaire ce nom est attribué. Le tonneau de mer se prend pour deux milliers pesant qu'on jauge, qu'on mesure à raison de quarante-deux pieds cubes par chaque tonneau. Cette estimation se fait en mesurant le fond de cale, qui est proprement le lieu essentiel de la charge. Ainsi un bâtiment dont le fond de cale auroit quatre mille deux cents pieds cubes, seroit un navire de cent tonneaux, propre, par conséquent, à porter deux cent mille pesant de marchandises.

Venons à la *boussole*. Cette découverte si précieuse peut, sous certains rapports, être comparée à celle de la vaccine dont on apprécie aujourd'hui universellement les merveilleux effets, sans pouvoir en expliquer la cause. Les anciens, qui ne connoissoient pas la boussole, n'osoient pas se hasarder en pleine mer, parce qu'ils couroient trop de dangers en perdant la terre de vue. Tout-à-coup, vers le douzième siècle, on (2) découvre qu'une aiguille d'acier, frottée contre une pierre d'aimant, et mise en équilibre sur un pivot, a la propriété singulière de se tourner toujours vers le nord. De là la plus grande facilité pour connoître les autres points cardinaux, et tu comprends quels pas rapides cela dut faire faire à l'art de la navigation. C'est une aiguille de la sorte que tu vois dans cette boîte que l'on fait double, attendu l'agitation du vaisseau. La boussole s'appelle aussi *compas de route*. La boîte a souvent le nom d'*habitacle*. Le nord est toujours indiqué par une fleur de lis.

A la suite de cette leçon donnée à notre élève avec les efforts de nos médiocres connoissances, il est bien temps....... de gagner le *Parc aux Huîtres*. Nous traversons à cet effet le pont Saint - François, et remarquons à droite l'emplacement de l'ancienne salle de spectacle brûlée il y a huit ou neuf ans.

Au Hâvre, comme à Dieppe, les meilleures huîtres sont celles de Cancale, que l'on fait venir de la côte de ce nom. Elles y sont également recueillies avec soin dans des parcs dont nous avons donné la description. Il y a donc parité de motifs pour la bonté des unes et des autres, et, l'actualité étant un des premiers mérites en pareil cas, les dernières auroient dû nous paroître les meilleures. Pourquoi donc avons-nous jugé plus fines les huîtres de Dieppe? Cela peut dépendre de circonstances étrangères, et nous avouons notre impuissance de dire le pourquoi. Le Hâvre a cependant encore cet avantage, que l'on s'y régale au parc même, et à la vue des bassins où se recueille ce bienfaisant coquillage (3).

Un homard pêché exprès pour nous, d'excellent vin de Grave, de fort bon café....... Mais n'est-ce pas abuser de la complaisance de nos lecteurs, que de les entretenir encore de nos dispositions gastronomiques ? Passons à quelque chose de plus intéressant.

Fidèles à notre plan, nous voulons connoître les plus proches environs du Hâvre, et voici comme nous dirigeons notre promenade :

Après avoir traversé la citadelle, nous cheminons, tantôt sur des pierres couvertes de plantes marines, tantôt sur un sable d'une extrême finesse, le long de l'embouchure de la Seine, qui passe pour avoir en cet endroit plus de deux lieues de large.

Attirés par la beauté du site, nous tournons à gauche, et traversons successivement les hameaux de Lheure et de Graville-le-Vieux qui se composent d'habitations isolées, séparées les unes des autres par des vergers et des prairies, et fermées par des haies vives ; coup-d'œil très-riant.

A quelque distance de Graville-le-

Vieux est le canal d'Harfleur, que nous traversons sur un petit pont rouge en bois, puis, toujours à travers de belles prairies, souvent bordées de saules, nous gagnons et reconnoissons notre route de Dieppe, qui est aussi celle de Paris.

Il faut traverser cette route, et monter au sommet de la montagne sur le penchant de laquelle est situé le village de Graville-le-Neuf. Là se présente à l'œil enchanté le magnifique spectacle de l'embouchure de la Seine, des côtes d'Honfleur, et même de Caen ; celui de la mer, à perte de vue, des nombreux bâtimens qui la couvrent, de la ville, des bassins et des vastes prairies situées entre la Seine, le Hâvre, et la côte d'Ingouville, sur le plateau de laquelle nous sommes placés.

Après une nouvelle pause, suivant cette belle côte, et laissant la ville à notre gauche, nous traversons Saint-

9*

Adrès, ayant toujours sous les yeux les villages et les hameaux les plus propres et ornés de jolies maisons de plaisance. C'est par cette route char- mante que l'on arrive aux *phares*.

Ces phares, d'une construction simple et élégante, ont été placés sur une esplanade que l'on nomme le *Cap de la Hève*. Ils ont chacun cent deux marches, et sont élevés de trois cent soixante pieds au-dessus du niveau de la mer. De treize lieues en mer on aperçoit la lumière des fa- naux. Malheureusement le ciel se trou- voit alors chargé d'un grain (4) fort noir ; il tomba une assez forte pluie au moment où nous arrivions à l'es- planade, ce qui nuisit à la beauté du spectacle qui s'offroit à nos regards. Nous rîmes beaucoup de la méprise de notre écolier, qui prenoit pour des chiens noirs de petites chaloupes de pécheurs qu'il apercevoit paroissant et disparoissant dans l'onde.

Le concierge de ces monumens possède un assez grand nombre de coquillages, pétrifications, et graines de toutes sortes de contrées lointaines, dont il accommode volontiers les amateurs.

En quittant les phares, nous passons par des sentiers tracés au travers des roches, et que la pluie a rendus fort-glissans. Nous descendons sur le galet, mais la marche est encore plus rude, et nous serons loin de conseiller cette route aux dames, qui craindroient avec raison de blesser leurs pieds délicats. Au surplus, le sentier par les rochers doit, par un temps sec, être très-praticable.

Cependant, nous remarquions que notre écolier avoit foulé aux pieds, et ensuite pris dans ses mains une matière gélatineuse, d'environ huit pouces de diamètre, qu'il considéroit avec attention.

— Tu ne te doutes probablement

pas, mon cher enfant, de ce que tu touches; jette cet animal.—Comment cet animal! c'est de la gelée qui pique comme une ortie. — Oui, c'est un animal et un animal très-vivace; car si tu le vois immobile sur la plage, il n'en a pas moins, lorsqu'il est dans l'eau, une grande agilité. Pose - le par terre, car tu pourrois bien, si tu le tenois trop long-temps dans tes mains, éprouver une éruption boutonneuse; je vais, en l'examinant avec toi plus attentivement encore, t'expliquer ce qu'est, d'après les naturalistes, ce curieux zoophite (animal plante), qui semble tenir tout-à-la-fois au règne végétal et au règne animal. On l'appelle ortie de mer ou gelée de mer, (et tu vois bien que tu avois presque deviné son nom), parce que effectivement il a la consistance et l'aspect d'une forte gelée, et qu'il pique, comme tu l'as toi-même éprouvé. Il n'est formé, en apparence, que d'eau et de quelques membranes, et n'a, pour organe de la vie, qu'une cavité ou bouche dont l'ouverture est garnie de bras, dont le nom technique est tentacule. Ces bras lui servent à saisir les petits poissons dont il se nourrit, et il rend ce qu'il prend par la même bouche; du reste, il n'a ni viscères, ni nerfs, ni vaisseaux. Ses mouvemens, qui sont nuls hors de l'eau, sont très-vifs dans la mer, et consistent dans une alternative de dilatations et de resserremens, au moyen desquels il se dirige; la nuit, dans l'eau, il est phosphorique, c'est-à-dire, qu'il a la propriété de luire comme du feu.

Que de singularités, et tout-à-la-fois que de merveilles tu observeras ainsi dans la nature, mon cher enfant ! Et, par exemple, considère actuellement à tes pieds, et adhérentes aux rochers, ces plantes marines qu'apporte sur les côtes le flux de la mer, et que tu as déjà souvent foulées aux pieds sans y faire attention. Il y a cinq ans, on ne s'en servoit encore que pour en extraire, en les brûlant, une sorte de soude, servant, comme toutes les soudes, à composer le savon et à blanchir le linge, lorsque, en 1813, cette herbe marine a tout-à-coup acquis une grande importance, par la découverte qui y a été faite d'une substance qui a singulièrement contribué à modifier plusieurs principes fondamentaux de la théorie d'une des sciences les plus cultivées aujourd'hui, la chimie. Ce qui te frapperoit le plus, c'est que cette substance, jetée sur des charbons allumés, répand une vapeur violette magnifique, d'où elle a pris son nom de *Iode*, du mot grec Ιόν ; tu trouveras ce mot dans tes racines grecques :

Ιόν, la douce violette.

Tout en causant ainsi, nous nous trouvons ramenés vers le village de

Saint-Adrès, en tournant les fossés de la partie droite de la ville ; nous passons devant les tuileries, et nous rentrons par la porte d'Ingouville.

Cette promenade nous a tenus près de sept heures d'une marche, il est vrai, assez lente, mais elle nous a offert les points de vue les plus agréables, nous dirons même de toute beauté. Nous croyons avoir vu les plus jolis environs du Hâvre, si ce n'est qu'avec plus de temps disponible nous aurions pu visiter encore le village d'Orchée, à trois quarts de lieue d'Harfleur, sur le bord de la Seine (2 lieues du Hâvre). Le château, le parc, la terrasse sur l'eau, passent pour très-beaux, et forment la promenade la plus fréquentée par les personnes aisées.

Il est plus que l'heure dînatoire. C'est le moment de remarquer que nous avons trouvé le Hâvre très-approvisionné (et même beaucoup plus que Dieppe ; ce qui doit n'être qu'accidentel) de toutes sortes de poissons, homards, écrevisses de mer, tourteaux, salicoques , carrelets , soles, etc. ; comme dans tout le pays de Caux la volaille y est excellente.

La salle de spectacle , près de la porte d'Ingouville , n'est que provisoire ; nous nous abstiendrons de critiquer et son entrée, et les acteurs qui y jouent, de leur mieux sans doute, les pièces de l'Opéra-Comique et des Variétés. La nouvelle salle que l'on construit du même côté , paroît devoir être fort belle. S. A. R. le duc d'Angoulême a daigné en poser la première pierre, au mois d'octobre 1817, époque à laquelle cet auguste Prince fut au Hâvre, comme à Dieppe, accueilli par les acclamations d'une population immense.

Nous avons peu parlé de la ville, en ayant effectivement peu visité l'intérieur, bien moins remarquable que le port et les environs. Les diverses rues à gauche de la porte d'Ingouville en venant de Paris, toutes bien percées, aboutissent, soit au port, soit aux bassins, de sorte que, dans cette direction, on a toujours sous les yeux navires, mâts, voiles et cordages. A la droite de la même porte, on bâtit un grand nombre de maisons, et ce quartier doit être très-beau dans quelques années.

NOTES.

(1) Les voyageurs qui viennent de Paris au Hâvre, faisant assez ordinairement ce trajet du Hâvre à Honfleur, et revenant à Paris par Caen, nous indiquerons sommairement cette route.

En passant du Hâvre à Honfleur on quitte le département de la Seine-Inférieure pour entrer dans celui du Calvados. Honfleur, port de mer, dans la Manche, à l'embouchure de la rive gauche de la Seine, Haute-Normandie.

	lieues.
De Honfleur à Pont-l'Evêque. .	3
Pont-l'Evêque, sous-préfecture, petite et ancienne ville;... à Dive.	4
Dive, bourg à un quart de lieue de l'embouchure de la rivière du même nom dans la mer;... à Caen.	6
De Honfleur à Caen. . .	13

Caen, chef-lieu du département du Calvados, ancienne capitale de la Basse-Normandie. Population, 35,638 habitans. Le Cours; les Casernes; Promenade Saint-Julien ; confluent de l'Orne et de l'Odon ; Cour royale ; maison où naquit Malherbe, en 1555. ....   **lieues.**

A Lizieux.   11   1/2

   Lizieux, Haute-Normandie, Calvados, ville de fabrique au confluent de la Touque et de l'Orbec. Sous-préfect. Population, 10,118.

A Evreux.   18

   A deux lieues environ , avant d'arriver à Evreux, on a quitté le département du Calvados pour celui de l'Eure. Evreux, chef-lieu de ce département, Haute-Normandie. Population, 9238. Palais de la Préfecture. Promenades. A une demi-lieue de la ville, château de Navarre...... A Pacy-sur-Eure.   4

   Entre Pacy et Bonnières on reprend la route de Rouen à Paris, dont les détails font partie de ce voyage, (*voyez* ci-après.).   22

De Caen à Paris. .   . 55   1/2

(2) C'est au commencement du 14ᵉ siècle que Jean de Goia, napolitain, inventa la boussole. Quelques auteurs cependant prétendent que c'est vers le milieu du 13ᵉ, que

Marco Paolo, vénitien, apporta cette découverte de la Chine.

(3) On a parlé, il y a environ dix-huit mois, d'huîtres très-malsaines venant du parc du Hâvre, qui ont causé des maladies dans cette ville, et même à Paris. L'inconvénient a effectivement existé, mais on y a très-efficacement remédié ; ce qui n'empêche pas quelques habitans du Hâvre de conserver, à tort, un préjugé contre les huîtres du parc actuel.

(4) L'expression *grain de vent*, ou simplement *grain*, se dit, en termes de marine, de certains tourbillons qui se forment tout-à-coup, et qui, à raison de leur violence, endommagent plus ou moins les vaisseaux. Il se dit aussi du nuage qui annonce le grain, et il est très-fréquent d'entendre dire : *le temps menace grain*, comme nous disons : *le temps menace pluie.*

XIIe JOURNÉE.

Lundi, 7 septembre.

*Route du Hâvre à Rouen. — Bolbec.
— Royaume ou Bourg d'Yvetot.—
Cauchoises. — Côte de Barentin.
— Bois de Lavalette. — Maromme.
— Déville. — Le Mont Riboudet. —
Le Port. — La Pomme de Pin. —
La Comédie.*

MALGRÉ notre longue promenade d'hier autour du Hâvre, nous étions réellement tentés de cheminer pédestrement vers la capitale de la Normandie, certains que nous étions de rencontrer fréquemment, sur la route, ces longues pataches dans lesquelles il est assez amusant et instructif de passer une heure ou deux avec les gens du pays.

Mais, quelque plaisir que l'on goûte

en voyage, le to.t conjugal a plus d'at-
traits encore, et l'on y revient toujours
par le plus court chemin. D'ailleurs,
nous avons promis de rendre visite à
une bonne tante, aux environs de
Saint-Germain, ce qui doit retarder
d'un jour notre rentrée à Paris. Nous
avons donc arrêté nos places dans la
diligence pour partir ce matin.

Cependant, avant notre départ,
nous allons faire un tour à la jetée du
sud-est (les habitans prononcent généralement *suez*). De ce côté, nous
descendons bravement sur la grève,
à l'aide d'une échelle de fer scellée à
pic. Notre écolier s'amuse beaucoup à
ramasser de petits coquillages vivans,
et à voir pêcher des esquilles à la
bêche. Ce petit poisson, analogue à
l'anguille pour la forme, et à l'éperlan
pour la grosseur, vit caché dans le
sable; aussi l'y pêche-t-on en quelque sorte à la pelle. Nous voyons les
grands filets destinés à la pêche des.

carrelets, soles, limandes, turbots, etc. Enfin, remontant par une autre et semblable échelle, nous tournons autour des bassins, nous promenons nos derniers regards sur l'Océan, nous souhaitons bon vent

A ces châteaux ailés qui volent sur les eaux.
(*Alzire*, acte premier.)

et nous montons dans notre maison roulante.

Jusqu'à Honfleur, nous suivons la route que nous avons déjà tenue en venant de Dieppe, mais ensuite nous laissons à la droite Montivilliers. A la Botte, poste, est la fourche de l'autre route du Hâvre à Rouen, dont nous avons déjà parlé, par Lillebonne et Caudebec. Nous arrivons à Bolbec par le faubourg de Carrebourdon (5 lieues et demie de poste).

« Salut à cette jolie ville, la perle du pays de Caux, la gloire de la Normandie, la nouvelle Paphos que l'Europe entière doit envier à la France ! »

Nous souscrivons très-volontiers à cet éloge de M. Gaucher (1); mais par quelle coquetterie mal entendue les jolies villageoises de ces contrées ont-elles, en grande partie du moins, abandonné cet antique costume qui, assurément, n'excluoit ni la grâce, ni la richesse ? Soit au Hâvre que nous avons parcouru, soit sur la route du Hâvre à Rouen que nous n'avons fait, il est vrai, que traverser rapidement, nous n'avons remarqué que comme des exceptions quelques costumes cauchois. Les paysannes endimanchées nous ont paru avoir exactement la mise de nos femmes de chambre coquettes de la capitale, des cornettes de tulle ornées de bouquets de fleurs, des collerettes brodées et des robes de toile peinte faites à la mode de Paris. D'autres n'ont conservé que les bonnets à grands bavolets surmontés d'un très-petit fond.

Ce n'est donc plus, en quelque sorte,

que par tradition que se conserve l'ancien costume, dans cette partie du
moins du pays de Caux ; voici comme
M. Gaucher le décrivoit en 1788 :
« Leurs cheveux, relevés en toupet
lisse, s'attachent sur le sommet de la
tête, et se couvrent d'une toque de
drap d'or ou d'argent, garnie par devant d'une bande plissée de dentelle
ou de batiste, et, par derrière, de
deux barbes pendantes et carrées qui
laissent entrevoir le chignon. Au cou
sont des chaînes d'or à double ou triple
rang qui supportent un cœur ou une
croix. La taille est renfermée dans un
corps, de drap pour l'hiver, de soie en
été, qui se lace en devant, et tranche
par sa couleur avec une pièce de drap
d'or qui forme comme le vêtement de
dessous. Sur les épaules et sur la taille
sont attachées d'amples rosettes de ru-
bans. Le corps est sans manches ; celles
de la chemise se troussent sur des
manches d'écarlate, presque jusqu'au

défaut de l'épaule, et les longues manchettes de mousseline, dont les manches de la chemise sont ornées, retombent depuis l'épaule jusqu'au coude. Des gants couvrent le reste du bras; un jupon d'écarlate, assez leste pour qu'on aperçoive le bas de la jambe; un tablier de mousseline des Indes, brodé ou à rayures d'or, complètent ce costume exclusivement attaché aux habitans de la campagne. »

La ville de Bolbec, sise sur la rive droite de la rivière du même nom, est très-intéressante par ses nombreuses manufactures de toiles, d'indiennes et de cotonnades, dont elle alimente abondamment la halle de Rouen, et dont elle fait des expéditions tant en France qu'à l'étranger. Elle avoit été presqu'entièrement brûlée en juillet 1765. Au mois de septembre suivant, ce qui avoit échappé aux flammes fut la proie d'un affreux ouragan. Louis XV contribua beaucoup, par ses largesses, à sa reconstruction, et, depuis, l'activité du commerce l'a considérablement augmentée. Population, environ 5ooo habitans. Toujours département de la Seine-Inférieure, que nous ne quittons pas jusqu'à Rouen, son chef-lieu.

En descendant la côte rapide de Bolbec, nous admirons une très-belle vue, et nous parcourons un fort joli pays jusqu'à Yvetot. 5 lieues et demie de poste de Bolbec, 12 et demie du Havre.

Yvetot, qui possède une sous-préfecture, un tribunal de première instance, une population de 9600 habitans, n'obtient des géographes que le nom mesquin de bourg. Voudroient-ils le punir d'avoir prétendu à la qualification de *royaume?*

Mais qu'y a-t-il de positif à l'égard de cette qualification surannée? Suivant les érudits, Clotaire Ier, roi de France (2), auroit, dès le sixième siècle, érigé la seigneurie d'Yvetot en royaume, en faveur des héritiers d'un sieur Gautier ou Vautier, son chambrier, qu'il avoit tué de sa propre main dans un accès de colère. Voltaire, dans son *Dictionnaire Philosophique*, a, en répétant les observations judicieuses de Piganiol de la Force, critiqué cette assertion avec beaucoup d'esprit et de gaîté; mais l'un et l'autre n'ont ni décidé, ni même éclairci la question. Ce qu'il y a de certain, c'est qu'il y a long-temps que l'on plaisante à ce sujet, témoin le mot de Henri IV, qui, en 1589, campé sur les terres d'Yvetôt, disoit : « Mes amis, si je ne puis » conquérir mon royaume, je suis » assuré du moins d'avoir celui d'Y- » vetot. »

On assure aussi que ce monarque ordonna, lors du couronnement de Marie de Médicis (3), à son maître des cérémonies, de placer Martin de Belley, seigneur d'Yvetot, d'une manière convenable à sa dignité royale.

Reprenons la route de Rouen. Je n'ai pas parlé jusqu'ici de nos compagnons de voyage : qu'en aurois-je dit? Une paysanne assez commune, coiffée du large bonnet que M. Béranger, dans sa jolie chanson, donne pour couronne au roi d'Yvetot, a dormi, dort, et dormira jusqu'à Rouen. Un homme d'assez mauvaise compagnie, fume, contre la règle, et sans même nous en demander la permission. Voilà tout ce que nous possédons, et nous nous sommes interdit le droit de créer des personnages de fantaisie.

A deux lieues d'Yvetot, nous descendons la longue côte de Barentin, bourg dans un fond. Le bois de Lavalette étoit autrefois aussi dangereux que le fut chez nous la forêt de Bondy. La gendarmerie y a mis bon ordre. A Maromme, on nous fait remarquer une poudrière qui a sauté il y a quel-

ques années, et a causé de grands dé-
gâts ; à droite , aux approches de
Rouen , le magnifique village de Déville, peuplé de manufactures. Enfin,
nous arrivons à Rouen par la grande
avenue du Mont-Riboudet , entrée
qui donne une noble et belle idée de
la ville. Les rives de la Seine offrent
de charmans points de vue , et les
nombreux bâtimens qui la couvrent
donnent à cette cité l'apparence d'un
vaste port de mer. Nous descendons
à *la Pomme de Pin*, grande rue St.-
Jean.

Dans un mouvement de mauvaise
humeur, le célèbre voyageur, M. Ar-
thur Young, traite cet hôtel de « chétif trou plein d'impertinence, de mal-
propreté et de trompeurs. » Ou les
choses ont bien changé depuis 1789,
ou il faut qu'un accès de spleen ait
alors tourmenté la plume de l'honorable écuyer. Ce n'est , il est vrai,
qu'une auberge fréquentée le plus

communément par les marchands ; mais d'abord il ne faut pas chercher à Rouen de brillans hôtels à l'instar de ceux de la capitale ; puis, sans prétendre placer cette auberge tout-à-fait au premier rang, nous attesterons que, pour notre compte, nous y avons remarqué honnêteté, propreté et probité, et, de plus, une table assez bien servie.

La diligence, en traversant la rue Grand-Pont, nous avoit fait voir la salle de spectacle, où une longue affiche annonçoit en gros caractères que tous les *Hullin* de Paris, grands et petits, devoient ce jour même danser dans *le Ballet de Psyché*, précédé de *la Mère Coupable*. A cette vue, les yeux de notre jeune homme étoient devenus ardens, et ses désirs naissans ne nous avoient pas échappé. Comme effectivement la chose nous paroît assez dans l'ordre, nous ne faisons qu'un pas de notre auberge au théâtre , après toutefois avoir dîné bien à notre aise.

Le théâtre est grand et bien distribué ; un beau plafond représente l'apothéose du grand Corneille. Mais la salle est pleine, et la grande pièce est déjà jouée ; nous trouvons cependant qu'on nous donne assez de cabrioles pour notre argent, et nous nous retirons satisfaits. Les environs du théâtre sont remplis de cafés qui rivalisent avec ceux de la capitale.

NOTES.

(1) Charles-Etienne Gaucher, graveur habile, auteur de plusieurs ouvrages littéraires. On a de lui la relation fort gaie d'un voyage fait au Havre en 1788, avec une société d'artistes. Né en 1741, mort en 1804.

(2) Clotaire Ier, quatrième fils de Clovis. Né en 497, prince courageux, mais cruel. Mort en 558.

(3) Marie de Médicis, née en 1574, femme de Henri IV. Régente du royaume en 1610, après la mort de ce grand roi. Morte en 1642.

XIIIe JOURNÉE.

Mardi, 8 septembre.

Origine, situation et particularités de la ville de Rouen. — La rue Grand-Pont. — Le Port. — Le Pont de Bateaux. — Le Jardin des Plantes. — Champ-de-Mars. — Cours Dauphin. — Vue de la terrasse Saint-Paul. — Ancienne cérémonie de la Fierte. — Notre-Dame. — La Poste. — L'Abbaye Saint-Ouen. — Le Muséum. — La Bibliothèque. — Saint-Maclou. — Le Palais. — Le Marché neuf. — Place de la Pucelle. — Le vieux Marché. — Quartier Cauchoise. — Hôpital de la Madeleine. — Les Quais. — Ruines du vieux Palais. — La Douane, les deux Bourses. — Place de la haute vieille Tour. — Les Halles.

Rouen est la ville de province la plus connue de tous les Parisiens. Il n'est pas un négociant que ses affaires n'y aient appelé, et dans toutes les autres classes de la société il est bien peu de personnes qui n'aient fait ce voyage, soit attirées par la ville même, soit parce qu'elle est le centre de presque toutes les autres villes de la Normandie. Les communications sont, d'ailleurs, si faciles et si commodes ! On peut sortir de table et même du spectacle pour monter dans un vélocifère, et l'on se réveillera le lendemain matin transporté, pour 15 ou 20 francs, dans l'antique capitale de la Neustrie. Cependant, en général, on ne connoît pas Rouen. On a vu le port, la cathédrale, une ou deux manufactures. On tient, non sans quelque apparence de vérité, que la ville est du reste assez maussade, et l'on ne se donne pas la peine de visiter ses monumens et ses environs.

Nous la parcourrons avec un peu

moins de précipitation, en suivant souvent pour guide, ainsi que nous nous plaisons à le reconnoître, l'itinéraire de Rouen qui y a été publié en 1816, et en ne mettant sous les yeux de nos lecteurs que ce qui nous a paru vraiment digne d'attention.

Deux mots seulement sur l'étymologie du nom de cette ville antique, en latin *Rothomagus*. Le mot *magus*, en langue celtique, signifie *ville* : on s'accorde assez généralement sur cette première explication. Mais que veut dire *Rotho* ? Est-ce parce qu'une idole appelée *Roth*, étoit adorée dans cette ville ? Le fera-t-on dériver du vieux mot gaulois *Riht*, gué ou passage de rivière ? Enfin, est-ce un abrégé du mot *Rotobeccum*, *Robec*, et cela veut-il dire simplement ville de Robec (1) ? Piganiol se décide pour cette dernière définition, et la majestueuse Seine n'a aucun intérêt à contester à son humble rivale la gloriole d'avoir donné son nom à la simple bourgade qui, après divers accroissemens successifs, est devenue une ville si considérable.

Cette ville est basse, enfoncée sur le bord de la Seine, et entourée de montagnes hautes et escarpées. Les rues sont en général tortueuses, étroites et sales, très-peuplées au surplus, et l'on y remarque, plus qu'en aucune autre ville de France, une activité prodigieuse.

Rouen a environ 2 lieues de circonférence. Sa largeur, du sud au nord, de la porte Grand-Pont à celle Beauvoisine, est d'une demi-lieue, et sa largeur de l'orient à l'occident, depuis le carrefour Saint-Hilaire jusqu'au carrefour Cauchoise, est d'environ trois quarts de lieue ; mais il faut encore y joindre ses faubourgs considérables, dont le principal est celui appelé *Saint-Sever*, sur la rive gauche du fleuve, séparé de la ville par le pont de bateaux.

Cette première étendue de la ville même est entourée des boulevards Cauchoise, Beauvoisine, Saint-Hilaire et Martainville, qui la cernent depuis le quai du Hâvre, route de Dieppe ou du Hâvre, jusqu'au quai Royal, route de Paris. Ces boulevards ne sont pas, il est vrai, comparables à ceux de la capitale ; cependant le boulevard Cauchoise se garnit de belles maisons, et il faut espérer que cet exemple sera plus généralement suivi. Antique capitale de la Neustrie ou de la Normandie, et siége d'un parlement célèbre qui avoit succédé à l'ancien Echiquier, aujourd'hui chef-lieu du département de la Seine-Inférieure, et résidence de la cour royale, cette ville, très-commerçante, est en même temps l'un des plus forts entrepôts de notre capitale, et la première ville manufacturière de France. Population, 81,098 âmes.

Elle se glorifie, à bon droit, d'avoir produit un grand nombre d'hommes illustres, à la tête desquels il faut placer le père de la tragédie française, l'immortel Pierre Corneille (né en 1606, mort en 1684), objet de son culte particulier, et en l'honneur duquel, tous les ans, le jour de saint Pierre, on ne joue sur le principal théâtre que des pièces de sa composition.

On sait que les lettres et les arts lui doivent encore Thomas Corneille, frère de Pierre (2), Fontenelle leur neveu (3), le père Brumoy (4), Jouvenet (5), Blondel (6), et tant d'autres jurisconsultes, historiens, poètes, peintres et architectes. Enfin, elle peut encore se glorifier d'avoir donné naissance à plusieurs femmes célèbres, les Champmelé (7), les Leprince de Beaumont (8), les Dubocage (9).

Parcourons-en actuellement les principaux monumens avec quelque détail. Une journée bien employée peut aisément suffire à cette intéressante promenade. S'il pleut, ce qui arrive, dit-on, à-peu-près tous les jours, et ce qui a fait donner à la ville un sobriquet qui est répété par tout le monde, nous trouverons, tout comme à Paris, la facile commodité des carrosses de place.

De notre grande rue Saint-Jean, ou de la rue des Carmes, où sont les hôtels les plus fréquentés par le beau monde, nous descendons au port et aux quais, en jetant en passant un coup-d'œil sur le beau portail de la cathédrale, à laquelle nous reviendrons.

Nous descendons la rue Grand-Pont toute remplie de jolies boutiques, parmi lesquelles se distinguent surtout celles de confitures et sucreries, dont Rouen fait un grand commerce. Au bout est la salle de spectacle dite Théâtre des Arts que nous avons vu hier; le péristyle, de forme circulaire, supporte un entablement au milieu duquel est le médaillon de Pierre Corneille.

Arrivés aux quais que nous n'avons parcourus hier qu'avec la rapidité de l'*éclair*, nous sommes frappés de leur étendue et de cette longue file de vaisseaux de toutes les nations que nous apercevons principalement sur la droite.

Mais, il faut le dire, l'œil est en même temps singulièrement affligé de n'apercevoir tout le long de ces quais immenses, à peu d'exceptions près, que de vilaines maisons et même de sales bicoques. Quelle différence de ces quais à ceux, je ne dirai pas de notre capitale, mais de Bordeaux, de Nantes, du Hâvre même ! Il nous a paru en général que les négocians s'occuppient beaucoup plus de leur commerce que de l'embellissement de leur ville. Ils ne montrent de faste et de goût que dans leurs manufactures sises au-dehors. En outre de ce, ces quais sont mal encaissés, mal pavés ; pas de trottoirs pour les gens de pied ;

c'est aujourd'hui, et ce doit être les sept-huitièmes de l'année, un vrai réceptacle de boue.

En face de la rue Grand-Pont sont des bains publics assez commodes et très-fréquentés.

Le pont de bateaux a 270 pieds de long. Il est assurément fort utile pour la communication si fréquente de la ville au faubourg St.-Sever : il est, de plus, remarquable par la facilité et la promptitude avec laquelle il s'ouvre pour laisser le passage aux bâtimens qui ont besoin de remonter la Seine ; mais il est bien laid, et il doit être d'un très-coûteux entretien. Ce pont, construit en 1626, ne l'avoit été que provisoirement. Comment, depuis cette époque jusqu'à nos jours, le commerce et l'administration n'ont-ils pas trouvé le moyen de s'entendre pour rétablir, avec le degré de perfection que les progrès des arts doivent fournir, un pont en pierre digne de

cette grande ville ? Les plans paroissent cependant être arrêtés; les travaux sont même commencés, mais ils
se suivent avec lenteur. Quand le gouvernement est obéré, le commerce
doit venir à son secours; et les com-
pagnies qui l'aident s'arrangent toujours de manière à y trouver leur
propre avantage.

« Quoi qu'il en soit, ne nous arrêtons qu'à l'ensemble de la vue, qui
est très belle, et suivons le quai
Royal du côté de la grande route de
Paris.

« Nous entrons au jardin des Plantes.
Il passe pour l'un des plus curieux de
la France, et des plus abondamment
fournis de plantes rares, depuis sur-
tout que M. le docteur Marquis en a
été nommé directeur. Nous admirons
l'ordre qui règne dans toutes les fa-
milles, au fond, est une belle serre
chaude. Cet établissement paroît entretenu avec beaucoup de soin, et

l'on regrette qu'il ne soit pas plus spacieux. Il a été fondé sous Louis XV.
Le Champ-de-Mars, que nous voyons à
droite, est une superbe place d'armes,
et les bâtimens en face sont les casernes
à l'usage de l'infanterie, celles du faubourg Saint-Sever étant plus particulièrement consacrées à la cavalerie.
Leur entrée est fermée par une grande
grille de fer et par un long parapet à
hauteur d'appui.

Laissant à gauche le Champ-de-Mars
et suivant la route de Paris, nous longeons le cours Dauphin, et faisons
une pause sur la belle terrasse Saint-
Paul, d'où nous découvrons un des
plus beaux points de vue que l'imagination pourroit créer.

Nous cherchions à nous orienter de
notre mieux, quand notre embarras
est remarqué par un respectable vieillard, qui veut bien trouver quelque
gentillesse et quelque envie de s'instruire à notre écolier, et qui lui fait

avec beaucoup de complaisance , et
si nous l'avons bien retenue, la description suivante :

« Je n'ai pas besoin, mon petit ami,
de vous dire le nom de ce beau fleuve,
qui me paroît être habituellement
votre père nourricier, dans une ville
plus grande encore que la nôtre ; mais
voyez comme dans un espace bien
plus étendu qu'à Paris il se prolonge
à perte de vue le long d'une chaîne
immense de montagnes ! Ces montagnes que vous avez derrière vous et à
votre gauche, sont celle dite Sainte-
Catherine, le mont Saint-Michel et le
mont Gargan. A leur pied , les côtes
de Bon-Secours et les deux routes de
Paris : l'une dite route d'en haut, et
la plus éloignée de vous, par Magny
et Pontoise ; l'autre plus proche, appelée route d'en bas , par Louviers,
Vernon, Mantes, etc., etc. A vos pieds,
l'île de la Mouque et l'île Brouilly. En
face, sur la rive gauche, le grand

cours ou cours de la Reine, placé à l'entrée et à la gauche du faubourg Saint-Sever, dont à droite vous apercevez les casernes. Ce cours est la promenade habituelle du beau monde de notre ville. Au-dessus de ce cours et à l'horizon, se dessine agréablement le village de Sotteville, très-renommé pour ses excellentes crèmes, son clocher de forme pittoresque, ses jolies maisons de plaisance et ses diverses manufactures. A votre droite, les quais, la ville, et la haute flèche du clocher de la cathédrale. Cette immense avenue, à la suite des quais, est ce que l'on nomme le mont Riboudet. — Par laquelle nous sommes hier arrivés du Hâvre? — Précisément. Voyez cette longue forêt de mâts, ce chantier de construction, ces jolies îles. Les vastes prairies plus éloignées sont celles situées au pied des montagnes de Canteleu et de Bapaume. Beaucoup plus près de vous, et à la gauche du pont de bateaux, est le grand bateau d'Elbeuf et la barque du port Saint-Ouen. Il en arrive et part plusieurs par jour; les bureaux sont sur le port même. Les voyageurs curieux, qui se rendent à Paris par la route d'en bas, un peu plus longue, mais beaucoup plus agréable que celle d'en haut, font, par partie de plaisir et sans aucun dérangement, cette promenade par eau du port Saint-Ouen. »

Comme notre intention est de suivre le conseil du complaisant vieillard, nous n'entrerons pas pour le moment dans d'autres détails sur l'agrément de ce voyage. Nous tairons également les autres renseignemens qu'il nous donne sur l'intérieur de la ville : ils vont se retrouver en temps et lieu.

Ayant donc fait nos remercîmens à notre *Cicerone*, nous descendons le cours Dauphin; et revenant sur nos pas, nous nous rendons à la cathé-

drale. Cependant, notre Piganiol à la
main, nous y lisons le récit d'une cérémonie qui se pratiquoit à Rouen
avant la révolution, et qui nous a
paru assez curieuse pour être mise
sous les yeux de nos lecteurs.

« Les voyageurs curieux des céré-
» monies extraordinaires (dit Piga-
» niol) doivent se trouver à Rouen
» le jour de l'Ascension, pour voir
» *lever la fierte*, c'est-à-dire, la châsse
» de saint Romain (10). Cette céré-
» monie est fondée sur le droit qu'a
» l'église de Rouen de délivrer un
» criminel et ses complices tous les
» ans, le jour de l'Ascension. Quinze
» jours avant cette fête, le chapitre
» de la cathédrale député quatre cha-
» noines au parlement, à la cour des
» aides et au bailliage, afin que, depuis
» ce jour-là jusqu'à ce que le privilége
» ait eu son effet, aucun des crimi-
» nels qui sont détenus dans les pri-
» sons de la ville et des faubourgs ne

» soit transféré, mis à la question, ni
» exécuté. Après le lundi des Roga-
» tions, le chapitre nomme deux cha-
» noines-prêtres, qui se transportent
» avec le greffier qui est aussi prêtre,
» dans les prisons, pour y entendre
» les confessions des criminels qui
» prétendent au privilége, et, par-là,
» recevoir leurs dépositions sur le
» crime dont on les accuse. Le jour
» de l'Ascension, sur les sept heures
» du matin, le chapitre, composé
» seulement des chanoines-prêtres,
» s'assemble pour l'élection du cri-
» minel qui doit être délivré. Après
» avoir invoqué le Saint-Esprit et fait
» serment de garder le secret, on fait
» lecture des confessions des crimi-
» nels, lesquelles sont brûlées dans
» le lieu même, aussitôt que l'élection
» est faite.

» Le même jour, sur les neuf heures
» du matin, les présidens et les con-
» seillers du parlement, revêtus de

» leurs robes rouges, se rendent dans
» la grande salle du palais, pour y as-
» sister à une messe solennelle qui est
» célébrée par le curé de Saint-Lô.
» Après la messe, ils vont dans la
» grande chambre dorée, où on leur
» sert un magnifique dîner. Vers les
» deux heures, le chapelain de la
» confrérie de saint Romain va en
» surplis, aumusse et bonnet carré,
» porter au parlement le billet de l'é-
» lection que le chapitre a faite. Sur
» cela, la cour ordonne à deux huis-
» siers d'aller, avec le chapelain de la
» confrérie de saint Romain, prendre
» le criminel dans la prison. Ils le con-
» duisent au parlement, où il est mis
» sur la sellette. Ayant été interrogé,
» et les informations ayant été rap-
» portées, il est condamné au sup-
» plice que mérite son crime; puis,
» en vertu du privilége, sa grâce lui
» est donnée, et il est livré entre les
» mains dudit chapelain de saint Ro-

» main, qui le conduit nu-tête à la
» place de la Vieille-Tour, où la pro-
» cession étant arrivée, l'archevêque,
» assisté du célébrant, du diacre,
» du sous-diacre et de quelques cha-
» noines, monte au haut du perron
» avec eux et les deux prêtres qui
» portent la *fierte* ou châsse, laquelle
» étant posée sous une arcade, sur
» une table décemment ornée, l'ar-
» chevêque, ou, en son absence, le
» chanoine célébrant, fait une exhor-
» tation au criminel qui est à genoux,
» tête nue, lui représente l'horreur
» de son crime, et l'obligation qu'il a
» à Dieu et à saint Romain, aux mé-
» rites duquel il doit sa délivrance. Il
» lui ordonne ensuite de dire le *Con-*
» *fiteor*, puis lui met la main sur la
» tête, et dit le *Misereatur* et l'*Indul-*
» *gentiam;* enfin, lui fait mettre sur
» les épaules un bout de la châsse, et
» la lui fait un peu élever. Après cela,
» on lui met une couronne de fleurs

» blanches sur la tête, et la procession
» retourne à l'église de *Notre-Dame*,
» le prisonnier portant la châsse par
» la partie antérieure.

» La procession étant rentrée, on
» dit la grand'messe, quoiqu'il soit
» cinq ou six heures du soir. L'arche-
» vêque et les chanoines font succes-
» sivement une exhortation au pri-
» sonnier, qui est ensuite conduit à
» la chapelle de saint Romain où il
» entend la messe. Après cela, on le
» mène à la vicomté de l'Eau, où on
» lui donne la collation, et de là chez
» le maître ou bâtonnier de la con-
» frérie de saint Romain, où il soupe
» et il couche.

» Le lendemain, sur les huit heures
» du matin, il est conduit par le cha-
» pelain dans le chapitre, où le pé-
» nitencier ou un autre chanoine lui
» fait encore une exhortation, et enfin
» lui fait jurer, sur le livre des Évan-
» giles, qu'il aidera de ses armes me-

» sieurs du chapitre toutes et quantes
» fois qu'il en sera requis. Ainsi finit
» cette cérémonie, et le prisonnier
» est renvoyé absous et libre. »

Mais arrivons nous-mêmes à l'église Notre-Dame, plus connue sous le nom de la Cathédrale.

Le portail de cette belle église, considéré avec attention, paroîtra, quoique gothique, joindre l'élégance à la légèreté. La tour carrée à gauche, bâtie en 623 par saint Romain, dont elle garde encore le nom, passe pour le plus ancien monument de la ville. Il renfermoit autrefois onze bourdons seulement dont la sonnerie très-harmonieuse, dit-on, pouvoit être aussi un tant soit peu étourdissante. Mais c'étoit au clocher de droite, appelé la Tour de Beurre (11), qu'étoit réservée la gloire de contenir la fameuse cloche dite Georges d'Amboise, du nom du cardinal qui en avoit fait cadeau à l'église vers le commencement

du 16e siècle. Elle pesoit 36,000 liv.,
avoit 32 pieds de tour par bas, 10 pieds
de diamètre, 10 pieds de haut, et
un d'épaisseur (12). On avoit gravé
autour l'inscription suivante, qui paroît prouver que le fondeur avoit fait
les choses en conscience :

> Je suis nommée Georges d'Amboise,
> Qui bien trente-six mil livres poise,
> Et cil qui bien me poisera,
> Quarante mille trouvera.

Déjà fêlée en 1786, elle a été brisée
pendant la révolution.

Au milieu du portail se distingue la
belle et gracieuse flèche, qui s'élève à
380 pieds au-dessus de l'église, et qui
s'aperçoit à 7 ou 8 lieues de la ville.

L'intérieur de la cathédrale ressemble beaucoup à celle de Paris. Les
curieux s'arrêteront principalement
devant la chapelle de la Vierge, qui
fait le fond de l'édifice. Le maître-
autel est décoré d'un tableau très-
estimé de Philippe Champagne (13),

représentant l'Adoration des Bergers. A côté de l'autel, à la droite du spectateur, est le Tombeau du cardinal d'Amboise (14) et de son neveu, les principaux bienfaiteurs de cette église. Les deux archevêques sont représentés en marbre blanc, à genoux, décorés de leurs habits pontificaux. Au-dessus de leur tête, est une petite statue équestre de saint Georges, leur patron, de marbre doré. Un grand nombre de petites figures, enchâssées dans des niches, caractérisent les vertus de ces prélats. Ce Tombeau est enrichi d'une infinité de sculptures légères et de jolies arabesques.

Vis-à-vis est le Tombeau du sénéchal de Brézé, gouverneur de Rouen, mort en 1531. La figure nue du Sénéchal couché sur le cénotaphe, en marbre noir, est attribuée au célèbre statuaire Jean Goujon (15). Des deux figures en marbre blanc qui sont aux deux côtés, l'une représente la Vierge;

l'autre, Diane de Poitiers, épouse du Sénéchal.

En sortant de la chapelle de la Vierge, nous nous trouvons naturellement ramenés par ses côtés vers la nef et à l'entrée du chœur, où l'on voit un beau péristyle aux deux côtés duquel sont deux autels parallèles en marbre , surmontés de deux belles statues en marbre représentant la Vierge et sainte Cécile. Les bas-reliefs placés au bas des deux autels ne sont pas moins remarquables. On doit aussi des éloges à l'architecte sur ce monument, qui a remplacé l'ancien jubé en pierre; mais il nous a toutefois semblé qu'il s'accordoit peu avec le reste de l'édifice, qui est du genre gothique, et nos yeux se sont arrêtés avec plus d'admiration vers la noble voûte qui forme en cet endroit un dôme des plus élevés, et qui sert de soutien à la flèche dont nous avons déjà parlé.

L'escalier saillant que l'on remarque à gauche, conduisoit à la bibliothèque, dont les livres ont été portés à celle dont nous parlerons en visitant Saint-Ouen. On raconte que Jean Le Prévôt, qui avoit le plus contribué à l'enrichir, y étoit si attaché, qu'il voulut être inhumé au pied de cet escalier.

En sortant de la cathédrale, nous montons à droite la rue des Carmes, où sont situés l'hôtel de France et l'hôtel Vatel, très-fréquentés par les étrangers. A droite, une petite place plantée de marroniers et ornée de quelques maisons, au nombre desquelles est à gauche la Poste aux lettres.

Il n'y a de là qu'un pas à la grande place Saint-Ouen, dite Place Royale, et à l'abbaye du même nom.

Les vastes bâtimens de l'ancienne abbaye Saint-Ouen forment aujourd'hui l'hôtel-de-ville, le Muséum et la Bibliothèque publique.

L'église s'offre d'abord : c'est une

11*

des paroisses de la ville, spacieuse et très-élevée. Les piliers qui séparent la nef des deux parties latérales, sont d'une légèreté remarquable. Cette église n'a pas, si nous avons bonne mémoire, de chapelles sur les côtés, ce qui rappelle sa destination monacale, et présente un aspect plus religieux, les yeux se trouvant toujours ramenés vers le chœur, et n'étant pas distraits par les tableaux et les ornemens des chapelles. Il en existe cependant une belle, mais derrière le chœur, et nous y remarquons un beau tableau de *la Visitation*, que l'on nous dit être de Deshais, peintre du 18e siècle, né à Rouen, et mort encore jeune. On nous fait aussi observer que le bénitier placé sur le premier pilier, à droite en entrant, a été, soit par l'effet du hasard, soit à dessein, disposé de telle sorte que l'on y voit la voûte de l'église dans toute sa longueur, ce qui produit un effet de perspective assez agréable à l'œil.

Le portail de cette église, donnant sur la place, n'a jamais été terminé.

Les bâtimens de l'abbaye sont dans un goût moderne, spacieux, et très-étendus. Le jardin forme une jolie promenade publique dessinée dans ce que l'on appelle le genre anglais, aujourd'hui tout-à-fait impatronisé en France. Un grand bassin circulaire est placé au milieu.

Le rez-de-chaussée est occupé par divers bureaux, au nombre desquels est celui des passeports. On monte au premier étage, où se trouvent les appartemens du Maire et divers bureaux, par un grand et bel escalier à deux côtés. Les deux bustes placés au haut sont ceux des deux Corneille. Ils ont été modelés sur ceux en marbre de la Comédie française, ouvrage de Caffieri, sculpteur du dix-huitième siècle.

Un autre escalier plus élégant encore conduit au second étage. Là, en notre qualité d'étrangers, nous entrons au Muséum, quoiqu'il soit fermé pendant le temps des vacances. Il se compose de deux salles, l'une longue et un peu sombre donnant sur la place, l'autre carrée et plus belle, ayant vue sur le jardin. Il renferme un grand nombre de tableaux des écoles française et italienne, des gouaches, des sculptures, des gravures. Le catalogue s'en trouve chez le concierge, et le goût de nos lecteurs les servira sans doute mieux que les foibles observations que nous pourrions leur transmettre.

Nous visitons aussi facilement la Bibliothèque, qui est sur le même palier; elle est ouverte les jours ordinaires depuis deux heures jusqu'à quatre; elle ne se compose que d'une seule, mais vaste, salle. Après avoir parcouru dans leur ensemble les nombreux volumes rangés avec beaucoup d'ordre, nos yeux s'arrêtent sur un livre grand in - folio , vélin , dont la couverture est en bois garni de lames de cuivre , et fermant à serrure. On nous ouvre et on nous fait parcourir, avec beaucoup de précaution, cet ouvrage infiniment curieux : c'est un missel , entièrement fait à la main par le père don Daniel Daubonne , jésuite , mort en 1714. Il contient les offices à l'usage de l'ancienne abbaye. Chacun d'eux , transcrit en plainchant, est précédé d'un dessin , et accompagné de vignettes et de culs-de-lampe , le tout d'un fini parfait. La patience de l'auteur est bien extraordinaire; il a consacré à cet ouvrage trente années d'un travail vraiment jésuitique. Les presses des Didot n'offrent assurément pas de plus beaux caractères , et la gravure n'a jamais buriné de musique plus exacte et plus parfaite. Il y a, de plus, cet avantage , qu'un grand nombre de lettres sont en or , d'autres nuancées en couleurs, et toutes celles qui commencent l'office sont enfermées dans des vignettes. Les dessins ne sont pas moins bien traités ; ce sont autant de petits tableaux ingénieux, et qui prouvent que l'auteur étoit en même temps rempli de goût. On nous assura que la ville avoit refusé de ce livre trente-six mille francs. La conservation de ce bel ouvrage, pendant les orages de la révolution, est due aux soins de M. Gourdin, bibliothécaire.

Non loin de l'abbaye Saint-Ouen, à l'espèce de carrefour formé par les rues Malpalu, Martainville et Damiette, est l'église St.-Maclou, remarquable par les bas-reliefs charmans qui décorent ses portes, sur-tout celle donnant sur la rue Martainville. Les visiter est d'ailleurs un hommage que l'étranger doit à Jean Goujon, ne fût-ce que pour consoler ses mânes affligés sans doute du mauvais goût qui a fait barbouiller de jaune ces jolis ornemens.

En général, en parcourant la ville, on verra un grand nombre de petits monumens du style gothique, mais qui ont de la grâce et de la légèreté, et qui ont été, soit totalement défigurés, soit masqués par les petites bâtisses dont on les a entourés. L'art n'y perd peut-être pas beaucoup, mais on aime à remonter le fleuve des siècles passés. D'ailleurs, ce que l'on a substitué vaut moins que ce qui existoit.

Ajoutons ici, et en passant, qu'à Rouen, comme au surplus dans toutes les autres villes de France, il est peu d'édifices publics dans lesquels on ne regrette de ne plus trouver telle statue, tel tableau, telle inscription consacrés, soit à la religion, soit à nos anciens rois, soit à tant de héros qui ont illustré notre belle patrie. Déjà les journaux nous parlent du rétablissement de divers monumens. Quel plus noble emploi nos célèbres artistes pourroient-ils faire de leurs talens? Nous sommes persuadés que toutes les administrations locales ont le plus grand désir de suivre ces exemples, et qu'elles ne tarderont pas à être efficacement secondées.

Tout en faisant ces réflexions, nous voici à la rue aux Juifs et nous entrons au Palais. La grande cour est enceinte, de ce côté, par une muraille en créneaux. Un perron conduit à la grande salle dite des Procureurs, qui a cent soixante-dix pieds de long sur cinquante de large. On admire la hardiesse de sa voûte qui n'est soutenue par aucuns piliers. Sous son plancher en larges pierres, et voûté dans son entier, sont les prisons de la Conciergerie ; à droite de la salle des Procureurs, est l'ancienne Grand'Chambre destinée aujourd'hui aux audiences de la Cour criminelle. Dans son ensemble cet édifice est gothique, mais les connoisseurs y remarquent les progrès de l'architecture, qui prit en

France un si noble essor dans le 16e siècle, sous le règne de François Ier.

Le tribunal de première instance y tient ses séances ; quant aux audiences civiles de la Cour royale, elles ont lieu dans les salons de l'ancien hôtel des Premiers Présidens, lequel est tout-à-fait en face, rue Saint-Lô.

Par le Marché-Neuf, consacré particulièrement à la vente des fruits, et en regagnant la Grande Rue, on arrive en un instant à la place dite de la Pucelle. C'est là que le jugement le plus inique fut exécuté sur la personne de Jeanne-d'Arc, condamnée comme sorcière, et brûlée vive en 1431, à l'âge de dix-neuf ans. Sur la place même de l'exécution on avoit anciennement élevé une fontaine, au milieu de laquelle étoit une grande figure de cette héroïne. Dès avant la révolution ce monument avoit été, on ne conçoit pas pourquoi, remplacé par la fontaine actuelle d'un goût très-médiocre. Quant à la statue, elle ressemble plus à une Bellone qu'à la jeune et gracieuse paysanne sous les traits de laquelle nous aimons à voir la libératrice de la France (16).

Le Vieux-Marché, le plus considérable de tous, est à droite de cette place, au bout de la Grande Rue, et se joint à la Poissonnerie. La fontaine, de forme carrée, est d'un assez joli goût.

Nous arrivons à un quartier neuf, mais peu peuplé, et notre œil se repose enfin sur quelques rues alignées et sur des maisons élégantes. A gauche, l'hôtel de la Préfecture ; en face, la belle rue de Crosne qui nous conduit à l'hôpital de la Madeleine, situé à l'entrée du faubourg Cauchoise, et près du boulevard de ce nom. Nous traversons, pour y aborder, une longue allée d'arbres ornée des deux côtés de belles maisons, et nous entrons par une très-grande grille de fer. Une vaste cour plantée d'arbres sert de promenade aux convalescens. Les bâtimens sont spacieux, les salles nombreuses et commodément distribuées. On y compte huit cents lits.

Cet hospice est desservi par des prêtres séculiers, et confié aux soins charitables de Dames ou Sœurs de la règle de Saint-Augustin.

Venons à l'église, laquelle est attenante à l'hospice. Elle a été récemment bâtie d'après les plans de M. Lebruiment, architecte de la ville, mort depuis peu. — Tu peux remarquer, mon cher enfant, que cet édifice contraste avec ceux que nous avons examinés jusqu'à ce moment. Ici, les formes nobles et simples de l'architecture antique des Grecs et des Romains, à laquelle on est, avec raison, revenu depuis les deux derniers siècles. Considère ce portail formé d'un beau péristyle, dont l'entablement est soutenu par des colonnes d'ordre corinthien; ce bel escalier à larges degrés, cette nef et ces bas-côtés qu'ornent, dans toute leur longueur, des colonnes du même ordre; ce dôme élégant et en plein cintre que surmonte une pyramide en aiguille, et qui se termine par un globe de plomb.

Les sculptures qui enrichissent ce bel édifice, sont de M. Jadoulle, sculpteur de cette ville; les tableaux qui décorent les deux chapelles, sont dus au pinceau de notre M. Vincent, célèbre peintre, mort il y a quelques années: ils représentent, l'un, l'Aveugle-né, guéri à la porte du Temple; l'autre, la Guérison du Paralytique. Le dernier sur-tout passe pour un des meilleurs ouvrages de cet habile maître. Aux fonts baptismaux, on remarque une belle Madeleine.

En suivant la large allée d'arbres qui aboutit à ce temple, nous nous retournons plusieurs fois pour admirer sa majestueuse façade, et nous arrivons au port.

—Contemple encore une fois, mon cher Amable, cette longue file de vaisseaux de toutes les nations qui apportent à Rouen les diverses productions de l'univers. C'est là le grand avantage que cette ville a sur notre capitale. La Seine étant beaucoup plus considérable et plus profonde ici qu'à Paris, et le flux de la mer s'y faisant sentir d'une manière très-forte, Rouen reçoit, comme tu le vois, dans son port, des navires marchands tels que ceux que tu as vus au Hâvre, ce qui la met au rang de nos villes maritimes. La traversée du Hâvre à Rouen, en remontant la Seine, éprouve quelques obstacles et même quelques dangers à Quillebeuf (environ 12 lieues de Rouen); ils sont occasionnés par des bancs de sable qu'on y rencontre, et sur-tout par un rocher, fameux par de fréquens naufrages, et dont on n'évite le choc qu'avec beaucoup de précaution.

Jusqu'à ce moment l'on a fait des efforts infructueux pour conduire jusqu'à Paris des bâtimens un peu considérables. La Seine suit une route tellement tortueuse, que l'on compte 90 lieues de Rouen à Paris, tandis que par terre il n'y en a que 30 à 32. Or, la sinuosité du canal d'un fleuve ralentit la rapidité de son cours, en détruisant l'impulsion rectilinéaire de la masse d'eau. De plus, les eaux sont souvent basses, et gèlent facilement en hiver. Il y a beaucoup de ponts à traverser, et enfin les îles sont fréquentes. Peut-être ces obstacles céderont-ils un jour devant l'invention des bateaux à vapeur, dont ce n'est pas ici le cas de t'expliquer la théorie et les avantages.

Mais continuons notre promenade. Laissons à droite la longue avenue du mont Riboudet que nous avons bien vue hier dans la diligence ; remarquons derrière nous le champ de Foire, en face, des chantiers de construction et l'île du petit Gay, et suivons à gauche les quais au Cidre, du Hâvre et de la Bourse, en retournant vers le pont.

Du côté de la rue d'Harcourt, est ce que l'on appeloit, jadis, le château du Vieux-Palais, démoli pendant le cours de la révolution. Il défendoit la ville du côté du couchant, et avoit été construit dans le 15e siècle par Henri V, roi d'Angleterre, et Henri VI, son fils. L'entrée principale étoit du côté de la rue Saint-Jacques, sur la place du Vieux-Palais, laquelle conserve encore le même nom. Sur une partie du terrain très-considérable qu'occupoit ce château, ont été construites les belles maisons neuves qui font l'encoignure de la rue d'Harcourt, et qui malheureusement ne se prolongent que jusqu'à la rue suivante.

Avant d'arriver à la Bourse, considérons un moment le fronton de la Douane ou Romaine ; il représente un Mercure avec les attributs du commerce, sculpté par Coustou (17).

La Bourse d'été, sur le port, forme en même temps une assez jolie promenade bordée d'ormes du côté du midi, et ornée de bancs. Le méridien du milieu a été élevé sous Louis XV. Le cadran solaire se compose d'une pyramide ; la ligne méridionale tracée dessus, reçoit la lumière du soleil, à midi, par un trou pratiqué au milieu de la figure de cet astre. Une Femme, soutenant les attributs du commerce, est assise à droite, au pied de la pyramide.

A quelque distance de la Bourse d'été, dans la rue de l'Estrade, est la Bourse d'hiver ou Juridiction Consulaire, plus vulgairement encore appelée les Consuls. C'est dans la grande salle du rez-de-chaussée que se rassemblent les négocians. Par un escalier placé au milieu, et remarquable par l'élégance de sa forme, on arrive à la salle des audiences du Tribunal de commerce, et à une autre salle voisine, où il paroît que l'on est dans l'habitude de donner des concerts, salle dans laquelle un bal a été offert avec enthousiasme à S. A. R. le duc d'Angoulême, lors du voyage dont nous avons déjà parlé.

En rentrant en ville par la porte dite de Paris, nous gagnons, à droite, après plusieurs détours, la place de la haute Vieille-Tour, et ces immenses halles où la draperie, le lainage, la rouennerie ont chacune leur salle particulière, longue de 2 à 300 pieds. C'est le vendredi qu'elles sont ouvertes au public, et qu'elles offrent une affluence considérable de vendeurs et d'acheteurs.

Nous regagnons, près de là, Notre-Dame, la Grande-Rue, et notre hôtel.

— Ce soir, Amable, nous nous coucherons de bonne heure, et demain, en partant de grand matin, nous ferons dans les environs une promenade qui, moins sérieuse que celle d'aujourd'hui, n'en sera pour toi que plus amusante. Mais, mon cher enfant, il faut s'accoutumer à unir l'utile à l'agréable.

NOTES.

(1) C'est le nom d'une petite rivière qui a sa source dans une vallée à quelque distance de Darnetal. Elle alimente les nombreuses usines et manufactures de ce bourg, puis elle arrose le faubourg Saint-Hilaire, et elle entre en ville près de l'ancienne porte de ce nom. Le quartier qu'elle traverse s'appelle vulgairement l'*Eau de Robec*.

(2) Thomas Corneille, né en 1625, mort en 1709, bien inférieur à son frère ; aussi Boileau l'appeloit-il en riant un *cadet de Normandie*. Cependant plusieurs de ses tragédies, et notamment *Ariane* et *le Comte d'Essex*, sont loin d'être sans mérite.

(3) Bernard le Bovier de Fontenelle, né le 11 février 1657, d'un père avocat, et d'une mère sœur des Corneille. Destiné au barreau, mais ayant perdu sa première cause, il se voua à la littérature et à la philosophie dans lesquelles il excella. Il a composé beaucoup d'ouvrages. Mort presque centenaire, en 1757, le 9 janvier.

(4) Pierre Brumoy, jésuite, auteur du

Théâtre des Grecs, etc., etc. Né en 1688, mort en 1742.

(5) Jean Jouvenet, peintre célèbre. Le château de Versailles et l'hôtel des Invalides renferment plusieurs de ses chefs-d'œuvre. Ayant eu le malheur de devenir paralytique du côté droit, il réussit à se servir presque aussi bien de la main gauche. Né en 1644, mort en 1717.

(6) Jean-François Blondel, neveu de François Blondel, dont nous avons parlé pag. 32, professeur d'architecture très-distingué, et auteur de plusieurs ouvrages sur la construction et décoration des bâtimens. Né en 1705, mort en 1774.

(7) Marie Desmares, femme de Ch. Chévillet, sieur de Champmêlé, née en 1644, morte en 1698, actrice tragique très-célèbre, dont Boileau a dit dans son épître à son ami Racine :

Jamais Iphigénie en Aulide immolée
N'a coûté tant de pleurs à la Grèce assemblée,
Que, dans l'heureux spectacle à nos yeux étalé,
En a fait de nos jours verser la Champmêlé.

Le sieur de Champmêlé son mari, aussi acteur tragique, mort en 1701, a fait plusieurs comédies qui ne sont pas sans mérite, et il passe pour avoir eu quelque part aux comédies de La Fontaine, notamment à celle du *Florentin*.

(8) Madame Leprince de Beaumont, née en 1711, morte en 1780, auteur du *Magasin des Enfans*, du *Magasin des Adolescens*, et d'autres ouvrages estimables du même genre.

(9) Marie-Anne Le Page, femme Dubocage, auteur d'un grand nombre de jolies poésies, de lettres attachantes et bien écrites. Née en 1710, morte à 92 ans, le 8 août 1802.

(10) Saint-Romain, issu de la race des rois de France, archevêque de Rouen en 626, mort en 639. Le privilége et la cérémonie dont parle Piganiol, avoient été établis, disent nos anciennes annales, en mémoire de ce que Saint-Romain avoit délivré les environs de Rouen d'un horrible dragon qui dévoroit hommes et bestiaux.

(11) Ainsi nommée, parce qu'elle fut construite avec les aumônes perçues pour accorder la permission de manger du beurre en carême.

(12) Le gros bourdon de Notre-Dame de Paris (qui a nom Emmanuel), pèse trente-deux milliers. Il a huit pieds de diamètre, huit pieds de haut, et huit pouces d'épaisseur.

(13) Philippe Champagne, ou Champaigne, né à Bruxelles en 1602, mort en 1674. Peintre agréable et correct. -

(14) Georges d'Amboise, premier ministre de Louis XII, et surnommé, comme ce monarque, le Père du Peuple. Né en 1460, mort en 1510.

(15) Jean Goujon, sculpteur et architecte très-célèbre, a principalement excellé dans les figures en bas-reliefs. Rien n'est plus beau en ce genre que sa fontaine des Innocens, à Paris. Cette fontaine, établie en 1550 contre une maison de la rue Saint-Denis, a été transportée, en 1788, au milieu de la place dont elle fait l'ornement. On ignore la naissance de ce célèbre artiste, surnommé *le Phidias français*. Il paroît certain qu'il périt le trop fameux jour de la Saint-Barthélemy, 24 août 1572, ayant été atteint d'un coup d'arquebuse au moment où, placé sur un échafaudage, il travailloit aux décorations du Vieux Louvre.

(16) Jeanne-d'Arc, née en 1412, à Domremy, près de Vaucouleurs en Lorraine. Cette jeune héroïne se présenta à la cour de Charles VII, se disant inspirée du ciel pour faire lever le siége d'Orléans, alors occupé par les Anglais, et pour faire ensuite sacrer le roi à Reims. Traitée d'abord de visionnaire, elle réussit cependant, conduite par des généraux habiles, et en donnant aux troupes l'exemple de la valeur, à leur communiquer la confiance dont elle étoit elle-même remplie. Orléans fut délivré, et le roi fut sacré à Reims en 1429. Jeanne-d'Arc assista à la cérémonie, tenant à la main l'étendart qu'elle avoit elle-même posé sur les retranchemens des ennemis, quoique percée à l'épaule d'un coup de flèche. Blessée depuis, et faite prisonnière à Compiègne, elle fut conduite à Rouen, où son procès fut scandaleusement instruit.

(17) Guillaume Coustou, deuxième du nom, né à Paris en 1716, mort en 1777 ; fils et neveu de statuaires qui avoient illustré son nom, il marcha sur leurs traces. Le bas-relief en bronze de *la Visitation*, dans la chapelle de Versailles, et la figure de *Saint-Roch*, dans l'église de ce nom, à Paris, sont de cet artiste.

<hr>

XIVe JOURNÉE.

Mercredi, 9 septembre.

Idée générale des environs de Rouen.
— Promenade extérieure. — Le
Grand Cours. — La place Saint-
Sever et l'ancien petit Château. —
Les Casernes Saint-Sever.—Petite
Chaussée. — Grande Chaussée.
Passage d'Eau du Croisset. — Ba-
paume. — Excursion au Mont-
aux - Malades. — Autres particu-
larités sur Rouen. — Départ par
eau. — Le Port Saint - Ouen.—
Pont de l'Arche.

C'EST avec grande raison que l'on
vante les environs de Rouen, qui,
de tous les côtés, présentent à l'étranger les plus magnifiques points de vue,
et à l'artiste les plus suaves et les plus
riches objets d'étude. Les vallées de

Deville, de Darnetal, les plaines de Saint-Étienne et de Sotteville, le parc de Belbeuf, les roches de Saint-Adrien sont, au dire des connoisseurs, autant de buts de promenades délicieuses; et, de quelque côté que l'on porte ses pas, la majestueuse Seine, ornée de petites îles, coule au pied de coteaux embellis par de jolies maisons de plaisance et de nombreuses fabriques.

Il faut opter pour l'emploi de notre matinée. Nous traversons le pont, et suivrons, à droite, la rive gauche; mais auparavant nous voyons, à gauche, le grand Cours, ou Cours la Reine, superbe promenade, composée de quatre rangées d'ormes. Les deux allées de côté servent aux gens de pied. Celle du milieu, très-large, est destinée pour les voitures et les cavaliers. C'est, comme hier on nous l'a dit, la promenade la plus fréquentée de la ville.

Retournons à cette place plantée

d'arbres; c'est celle Saint-Sever, à l'entrée du faubourg du même nom, ancien emplacement de ce qu'on appeloit le petit château, bâti, comme le château du Vieux-Palais, par Henri V, en 1420, et détruit il y a environ cinquante ans. On le nommoit aussi Barbacane; il défendoit l'entrée de l'ancien pont de pierre.

Laissant à gauche les belles casernes de Saint-Sever, nous suivons le cours de la rivière, en ayant derrière nous la ville et la haute montagne de Sainte-Catherine, et en apercevant à l'horizon, à droite, le Mont-aux-Malades, où nous arriverons.

Nous longeons la Petite et la Grande Chaussée, aussi connues sous le nom de hameau de Claquedent, et visitons une grande blanchisserie. Un très-fort bateau à vapeur est en ce moment amarré au milieu de la rivière: il nous paroît d'une dimension plus grande que ceux que nous avons vus à Paris. On assure que les procédés qui le font marcher sont nouveaux ou du moins singulièrement perfectionnés, et qu'il fera sous peu le voyage de la capitale. L'entrée en est sévèrement interdite au public.

Plus nous nous avançons, plus la route et la vue s'agrandissent. Sur la gauche, une immense pelouse, de jolis villages, et des prairies couvertes de troupeaux; à droite, de l'autre côté de la Seine, les hautes montagnes de Bapaume et de Canteleu couronnées de bois, au milieu desquéls percent les belles maisons de plaisance de la famille Lecouteulx de Canteleu, et de M. Lefebvre.

Nous arrivons ainsi au Croisset, où est le passage d'eau très-fréquenté. La Seine, à mesure que nous la traversons, se développe avec une nouvelle étendue.

En tournant à gauche, on iroit à Dieppedalle. Nous préférons revenir par Bapaume, et nous entrons, chemin faisant, dans une superbe fabrique de teinture en rouge des Indes; puis, en ayant toujours sous les yeux les paysages les plus variés, nous regagnons la barrière et les avenues du Mont-Riboudet, après une promenade d'environ quatre heures, on ne peut mieux employées.... pour des curieux de belles promenades.

Pénétrant par les derrières de l'hôpital de la Madeleine, dans le faubourg Cauchoise, nous montons une longue côte qui nous conduit au village du Mont-aux-Malades. Nous conseillons à ceux-mêmes qui ne viennent à Rouen que pour leurs affaires, de ne pas se refuser ce magnifique coup-d'œil. Ils contempleront de là le long cours de la Seine, la chaîne de montagnes qui se prolongent jusqu'à Elbeuf, et la forêt du pont de l'Arche; plus près d'eux, ils distingueront une foule de maisons de plaisance dont la bigarrure présente un effet très-pittoresque, de jolis jardins, de vastes prairies; leur vue s'étendra ensuite sur la vallée de Deville, le hameau de Bapaume, leurs montagnes, leurs manufactures, sur les côtes de Canteleu et de Dieppedalle jusqu'à la Bouille, sur les vastes plaines des deux Quevilly.

Nous regrettons de ne pas avoir le temps de nous promener dans les riantes campagnes du bois Guillaume, mais l'heure nous presse, et nous croyons avoir, tant dans l'intérieur de la ville qu'aux environs, vu ce qu'il y a de plus curieux.

Il ne nous a manqué, pendant les deux journées que nous avons passées à Rouen, que de visiter un plus grand nombre de ces belles manufactures, qui font la splendeur et la richesse de la ville; mais, bornés par le temps, nous avons dû donner la préférence aux sites et aux monumens, d'autant plus qu'à Paris même et dans les environs il existe beaucoup de fabriques où il est facile de prendre les notions les plus amples sur ces divers genres d'industrie.

Rouen possède encore dans son sein une Académie royale des Sciences, Belles-Lettres et Arts, qui tient séance les vendredis dans une des salles de la mairie ; une Société d'Emulation, dont le but est d'encourager les progrès des sciences et des arts, et dont les séances ont lieu les 1er et 15 de chaque mois dans une des salles de la Cour royale ; et enfin une Société de Commerce qui s'assemble dans une des salles du tribunal. Elle offre à la jeunesse laborieuse des cours de dessin, de botanique et de chimie, ce dernier destiné spécialement à perfectionner l'art de la teinture et les autres arts industriels.

Nos comptes réglés à notre hôtel, voici comme nous arrangeons notre retour à Paris, nous rappelant le con-

seil de l'obligeant vieillard de la terrasse Saint-Paul.

Dès le matin nous avons à la grande
diligence, près de Notre-Dame, arrêté
nos places pour demain matin, par la
route d'en bas, en prévenant que
nous ne la prendrons que le lendemain à Pont-de-l'Arche. A quatre
heures précises nous prenons, au dessous du pont, le bateau du port Saint-
Ouen, qui nous fera faire ces trois
lieues pour la bagatelle de quatre sous
par personne.

Nous avons pour compagnons de
voyage des marchands forains d'une
fort grosse gaîté, que cependant nous
parvenons à comprimer avec la protection de l'un d'entre eux. Au surplus, outre ce bateau public, commode d'ailleurs, et partant à heure
fixe, on trouve facilement des barques qui font le trajet pour un prix
très-modéré.

Nous faisons donc nos adieux à

Rouen en ayant sous les yeux, d'un côté la ville qui se dessine avec beaucoup de grandeur, de l'autre un tableau tout aussi vaste, formé par le cours de la Seine toujours environnée de prairies et d'une longue chaîne de montagnes, terminé à l'horizon par des lointains qui s'étendent jusqu'à la forêt du Pont-de-l'Arche et jusqu'à Elbeuf. Long-temps nous servons comme de chaloupe au grand bateau de cette ville, parti de Rouen à la même heure.

Débarqués au port St.-Ouen, nous gravissons une longue côte, et, en ayant toujours sous les yeux une vue aussi étendue et aussi pittoresque que celles que nous avons déjà décrites, nous remarquons, de plus, les nombreuses sinuosités de la Seine. Cet aspect est un de ceux que les artistes se sont plu souvent à tracer sur le papier et sur la toile.

A la nuit tombante nous atteignons Pont-de-l'Arche, distant d'une lieue du port Saint-Ouen, et de quatre lieues de Rouen.

XVe JOURNÉE.

Jeudi, 10 septembre.

*Pont - de - l'Arche. — Louviers. —
— Gaillon. — Vernon. — Four-
che de la route de Cuen à Paris. —
Bonnières. — Rolleboise. — Mantes.
— Meulan. — Vaux. — Triel. —
Poissy.*

Nous avons quitté le département de la Seine-Inférieure pour entrer dans celui de l'Eure, mais nous sommes toujours sur la même rivière.

Pont-de-l'Arche, au diocèse d'E-vreux, arrondissement de Louviers, dans la Haute-Normandie.

Ce fut la première ville qui se sou-mit à Henri IV, à son avénement à la couronne. Le long pont que nous avons traversé hier soir mérite d'être vu. Le courant de la Seine étant très-rapide en cet endroit, les bateaux étoient exposés à se briser. Par une mécanique très-ingénieuse on est parvenu à les faire couler doucement et sans le moindre danger.

La diligence de Rouen à Paris, où nos places ont été prudemment retenues, passe ici vers huit heures du matin, et sur les neuf à dix heures à Louviers. Le chemin par la forêt est, dit-on, fort agréable ; ne manquons pas cette nouvelle, et peut-être dernière promenade.

On ne nous a pas trompés sur la beauté de la route, dont la plus grande partie se fait à travers la forêt. Amable ne fait autre métier que de cueillir et manger des mûres sauvages après nous avoir offert les plus belles. Après trois heures de marche très-lente, nous sommes dans cette ville sise dans une plaine fertile, et dont les environs et l'entrée annoncent l'opulence, qu'elle doit surtout à ses manufactures de draps si utiles et si renommées. Louviers a une sous-préfecture ; la population est de 8000 âmes. Distance de Rouen , 7 lieues.

La diligence nous a rejoints, et nous happe à notre arrivée. Du haut de la côte longue que l'on a à monter en sortant de cette ville , elle présente un bel amphithéâtre couronné de vastes bois. A ses pieds coule l'Eure qui alimente ses nombreuses fabriques.

Entre Louviers et Gaillon, à un village nommé Heudebouville, nous voyons une diligence qui vient de Rouen par Pont-de-l'Arche , sans passer par Louviers , ce qui abrège un peu le chemin. A Gaillon on nous a fait remarquer la prison où , nous dit-on, est renfermé l'imbécille et fourbe Bruneau, connu sous le nom du faux dauphin. Distance de Rouen, 10 lieues.

Nos compagnons de route ont été jusqu'à ce moment un négociant fort instruit , une vieille dame qui voyage

avec son petit chien, son perroquet,
sa cage à serin, et qui vouloit même,
avant notre arrivée, y introduire une
bourriche de poissons dont le place-
ment sur l'impériale l'inquiète beaucoup ; enfin une petite dame fort vive
qui court après son mari ayant, à ce
qu'il nous paroît, une inspection qui
le tient souvent hors du domicile conjugal, et qui ne l'a encore rencontré ni
à Louviers, ni à Gaillon. Elle ne fait
autre chose que défaire et remettre
ses papillotes, et ajuster l'ampleur
de son chapeau. Enfin à Vernon elle
retrouve l'objet heureux de ses tendres sollicitudes.

La petite dame est alors remplacée
par un riche fermier, habitant de ces
contrées, entre lequel et nous une
longue conversation s'établit, vu qu'il
possède les connoissances topographi-
ques dont nous sommes curieux.

Vernon, jolie ville sur la rive droite
de la Seine, 13 lieues et demie de

Rouen , toujours département de l'Eure , est situé dans une vallée fort agréable. La foire qui s'y tient en ce moment lui donne beaucoup de mouvement. Sa population est d'environ 5ooo habitans , en y comprenant la paroisse de Verdonnet, l'un de ses faubourgs, séparé par la Seine , sur laquelle est un grand pont de vingt-deux arches, avec cinq moulins. Cette ville possède un collége en pleine activité , qui avoit été fondé par Henri IV , et rebâti en 1773 par M. le duc de Penthièvre. Des tanneries, des filatures de coton , de jolies maisons de campagne et de charmantes promenades sont à remarquer.

Fourche de la route de Paris à Evreux et Caen. Pierre qui marque la séparation du département de l'Eure d'avec celui de Seine-et-Oise dans lequel nous entrons.

Bonnières , bourg. Toujours joli rivage de la Seine et nombreuses maisons de campagne. Sur la gauche, Freneuse, village renommé pour l'excellence de ses navets, et Laroche-Guyon.

Ce dernier village étoit autrefois le chef-lieu d'un duché-pairie. Il est demeuré la propriété de la maison de Rohan. On vante son antique château dont la construction remonte à l'époque des premières invasions des Normands, de beaux jardins et de jolies promenades établies à grands frais sur une montagne inculte. On y remarque une chapelle très-ancienne, creusée à une grande élévation dans le roc, et dans laquelle, par un privilége particulier on conserve, de temps immémorial, le Saint-Sacrement. Une tour, à double enceinte de murailles, appuyée sur le roc, communique au château par un long escalier creusé dans la montagne.

Nous arrivons à Rolleboise et mettons pied à terre au haut de la côte.

La vue de la Seine et des environs est magnifique. Sur la pointe de la montagne, à côté de l'église, sont les fondations d'une tour prise et assiégée par Bertrand Duguesclin, à la tête de dix mille bourgeois de Rouen.

Rolleboise est un petit port, où l'on ne voit presque que des cabanes taillées dans le roc, et qui ressemblent à des caves. Tous les soirs, vers les huit heures, une galiote porte pour 30 sous les voyageurs à Poissy, distant d'environ 12 lieues. Le matin, de onze heures à midi, une pareille diligence d'eau part de Poissy pour Rolleboise. On trouve aussi des barques particulières pour faire ce trajet, que l'on dit être fort agréable.

La route traverse la forêt de Rosny. Au village de ce nom, la Seine forme deux îles, dont la plus grande porte aussi le même nom. Le château et le parc, fort étendu, sont aujourd'hui la propriété de M. le comte Edmond de Périgord.

Nous entrons à Mantes, ville avec raison surnommée la jolie. 19 lieues de Rouen, et 15 de Paris. Population, 4,250 habitans ; sous-préfecture, tribunal de première instance. On vante la délicatesse des piliers qui soutiennent le chœur de Notre-Dame, la seule paroisse qui subsiste. De l'ancienne église de Saint-Maclou, on a conservé la tour, regardée comme un monument précieux à cause de sa hauteur et de son antiquité. De très-jolies promenades, dont la principale est l'île Champion, embellissent les bords de la Seine.

Philippe-Auguste est mort dans cette ville, le 14 juillet 1223, à l'âge de cinquante-huit ans.

Après avoir traversé le pont de Mantes, on passe une seconde fois la Seine sur le pont de Limay, assez gros bourg, qui semble ne faire qu'un avec la ville. A quelque distance est un ermitage célèbre, nommé Saint-Sauveur, composé d'une chapelle et d'une petite habitation taillées dans le roc. Il s'y fait un pélerinage tous les ans, le deuxième dimanche de carême et le 6 août ; la journée se termine, comme de raison, par des jeux et des danses champêtres.

Meulan, également divisé par la Seine en deux parties, et bâti en amphithéâtre, est connu dans l'histoire de nos guerres civiles comme ayant opposé une résistance opiniâtre aux troupes du duc de Mayenne, qui fut forcé de lever le siége.

Avant d'arriver à Vaux, nous voyons à gauche la route de Meulan à Pontoise.

Vaux est dans une très-belle position au pied des montagnes qui bordent la rive droite de la Seine. On y remarque l'ancien château et plusieurs jolies maisons de campagne. Enfin, nous avons traversé Triel, joli bourg, et nous entrons à Poissy.

Comme nous avons eu quelque part l'occasion de le dire, nous étions attendus par une bonne tante à Poissy ou plutôt à Org***, village à quelque distance de cette ville. Ses chevaux stationnent à la diligence; ordre au cocher de nous saisir à la descente, comme oiseaux de passage.

— Nous tâcherons demain, mon cher Amable, pour notre seizième et dernière journée, de concilier les égards que nous devons à la parenté, avec le désir que j'ai de profiter de l'occasion pour te faire connoître avec quelques détails Poissy et Saint-Germain, qui ne sont pas sans avoir de la célébrité dans les annales de l'histoire.

———

XVIe et dernière JOURNÉE.

Vendredi, 11 septembre.

Poissy. — Fonts baptismaux de saint Louis. — Forêt de Saint Germain. — Foire des Loges. — Saint-Germain-en-Laye. — Le Château. — Vue de la Terrasse. — Rentrée à Paris.

COMME nous nous y étions un peu attendus, la tante, malgré ses sermens, s'oppose à notre départ. Nous capitulons, et il est convenu que nous ferons tous ensemble la promenade de Poissy et de Saint Germain, après quoi elle emmenera avec elle, pour trois ou quatre jours, le cher Amable, qui prend de moi l'idée d'un excellent négociateur, et se montre plus disposé encore à prêter l'oreille à mes petites instructions.

— Sous le rapport du commerce et de l'approvisionnement de notre immense capitale, Poissy, mon cher enfant, est une petite ville très-importante. Une foule de marchands et de cultivateurs est attirée ici tous les jeudis par le grand marché de bestiaux, et principalement de bœufs : voilà pourquoi hier soir tu as encore remarqué tant de mouvement.

Sous le rapport historique, Poissy est bien plus intéressant encore. Saint Louis, roi de France, neuvième du nom, et, comme tu dois te le rappeler, célèbre par sa piété, son amour de la justice, son courage et ses malheurs dans la terre sainte, est né dans ses murs en 1215, et il se plaisoit à prendre le nom de Louis de Poissy. Il étoit fils de Louis VIII et de Blanche de Castille, princesse du mérite le plus distingué, qui fut régente du royaume, tant pendant la minorité de Louis IX, que pendant le cours de ses expéditions. Ce monarque, parti en 1270 pour la sixième Croisade, mourut la même année devant Tunis, en Afrique, d'une maladie contagieuse qui ravageoit son armée.

Nous voici à l'église, et nous y voyons les fonts mêmes où ce pieux roi a été baptisé. Amable me fait remarquer dans la chapelle un petit tableau assez mal peint d'ailleurs, et qui paroît fort ancien, représentant la reine Blanche, donnant des leçons à son illustre fils.

— Ces ruines et ces pans de muraille, à quelque distance de l'église, sont, mon ami, les restes d'une ancienne abbaye. C'est là que se tint le colloque de Poissy, dont peut-être as-tu aussi entendu parler : on appela ainsi une conférence publique sur les matières abstraites de la religion, qui eut lieu en 1561. On en a beaucoup parlé, parce que le roi Charles IX y assista avec la reine, les princes du sang et un grand nombre d'archevêques et d'évêques.

La route de Poissy à Saint-Germain traverse la forêt de ce nom. C'est une fort agréable promenade d'une petite lieue, et la vue est récréée, à droite et à gauche, par de belles avenues. Le château de la Muette, qui est dans le centre de la forêt, sert de rendez-vous de chasse, et nos princes viennent souvent y courir le cerf et autre gibier.

— Oh ! quel dommage, petit Amable, s'écrie la bonne tante, que tu ne sois pas venu me voir une dixaine de jours plus tôt ! C'est dans cette belle forêt que se tenoit alors la foire des Loges, auprès de laquelle bien certainement ne sont rien les foires les plus brillantes des autres environs de Paris. Des tentes, des tables sans nombre sont dressées dans le bois : la gaîté la plus franche anime ce riant et champêtre tableau, ce qui n'empêche pas que les plus somptueux équipages n'y affluent de la capitale. Elle dure trois jours, et chaque journée est terminée par des danses et des rondes qui se prolongent fort avant dans la nuit. Mais, patience, actuellement que je sais que tu es bon marcheur et d'un caractère gai, il faudra bien que l'année prochaine tu viennes faire sauter les jolies demoiselles de notre canton. Réponse affirmative, et nous entrons à Saint-Germain.

Saint-Germain-en-Laye, *Sanctus Germanus in sylvâ Lediâ*, est situé sur une haute montagne et en très-bon air. Les rues sont larges, bien pavées et propres ; les maisons, en général, bien bâties. La population s'élève, nous dit-on, à près de 10,000 habitans, en y comprenant l'ancienne paroisse de Saint-Léger, les maisons d'Hennemont, où il y avoit jadis un prieuré, et la vallée de Feuillancourt, où sont les tanneries dites de Saint-Germain.

Henri II, Charles IX et Louis XIV y sont nés; et avant que ce dernier eût fait élever le magnifique château de Versailles, nos rois, depuis Philippe-Auguste jusqu'à lui, y faisoient leur séjour presque habituel. Le château est sans-doute gothique; mais il a bien l'air de grandeur et de majesté qui convient à une maison royale.

Les jardins, ouvrage de notre ami Lenostre, sont noblement dessinés; mais arrivons à ce qu'il y a de réellement curieux, à la plus belle terrasse peut-être qui existe au monde.

On lui donne une demi-lieue de long sur plus de 15 toises de large. A droite, en regardant la Seine, sont, un peu cachées par des maisons, les arcades qui conduisent l'eau à Versailles. Au bas, dans la plaine, et sur le bord de l'autre rive, de droite à gauche, la ferme de Vésinet, le village et le pont du Pec, les routes de Croissy, de Chatou, de Montesson, et, en avant, celle de Sartrouville, longeant la

Seine. Au-dessus de ce plan et à l'horizon, le Calvaire sur la droite, Montmartre sur la gauche, et plus à gauche encore, la flèche de Saint-Denis.

Plus loin à l'horizon, sur la gauche, s'aperçoivent Cormeilles, Herblay; et il semble que, par un temps bien pur, on doit découvrir jusqu'à Conflans - Sainte - Honorine où se fait la jonction de l'Oise et de la Seine.

L'œil, en retraversant cette dernière rivière, distingue, sur la rive gauche, le pont de Maisons-sur-Seine, Mesnil-le-Roi et le hameau de Carrières-sous-Bois, situés entre la Seine et la forêt de Saint-Germain. L'île qui est à nos pieds est celle de Vésinet; la vue plane sur le joli bois de ce nom, dont on pourroit en quelque sorte nombrer les allées.

L'imagination encore remplie de ce beau Panorama, nous prenons congé de la bonne tante, et nous faisons à notre cher enfant des adieux heureusement trop courts pour être bien tendres; puis nous montons dans un célérifère qui, en moins de deux heures, nous rend à Paris.

Ce seroit abuser de la patience de nos lecteurs que de leur donner sur cette route, par nous si rapidement traversée, des détails qu'il connoît, ou trouvera facilement ailleurs. Nous nous étions, il est vrai, proposé, lorsque nous croyions rentrer à Paris avec notre élève, de lui faire admirer, dans leur ensemble, les vastes et riches campagnes, les magnifiques maisons de plaisance qui avoisinent la capitale, et sur-tout cette entrée si noble, si majestueuse, ce château royal, ces superbes monumens qui doivent déjà donner à un étranger la plus grande idée de la plus belle ville du monde. Nous en serions venus avec lui à cette conséquence que, tout en concevant le désir bien naturel et bien louable de voyager, et de chercher dans des excursions lointaines le plaisir et l'instruction, un jeune Parisien doit encore, et doit, avant tout, ne pas négliger (ce que trop de Parisiens négligent) les occasions qui s'offrent à lui de visiter avec attention les monumens, les établissemens, les curiosités sans nombre dont abonde notre ville natale, et que souvent nous ne connoissons que très-imparfaitement. Telle eût été la conclusion de notre opuscule, conclusion que nous aurions cependant amenée de manière à laisser entrevoir à notre écolier la perspective d'un nouveau voyage aux vacances prochaines, s'il redouble de zèle et de travail.... Mais notre cher Amable gambade dans la forêt de Saint-Germain.... Rentrons donc seuls, le bon papa et moi, dans la splendide et bruyante capitale, non de marche las, mais, au contraire, plus frais et plus dispos que le jour de notre départ.

FIN.